『こころのブロック』解放のすべて

スピリチュアルセラピスト
心のブロック専門家
碇のりこ
NORIKO IKARI

すべての願いを叶えるために

Clover
クローバー出版

――「願いを叶えたい」すべてのひとへ

『こころのブロック』解放のすべて

すべての願いを叶えるために

「わたしらしさ」に還るために

ここ数年、引き寄せブームが起こっています。

どこを見ても、引き寄せの本が本屋さんにずらりと並び、とても人気があって、私も見るたびにワクワクします。引き寄せって書いてあるだけで、なんだか夢が叶いそうで楽しいですよね。私もそのひとりです。

そんな私も、さかのぼること18年前から、顕在意識と潜在意識を学んできて、「引き寄せ」が起こる効果を目の当たりにしてきました。18年前には、引き寄せという言葉は無く、潜在意識を使って願いを叶えるとか、マーフィーの法則、思考は現実化する、というような本が有名で、私もたくさんの本を読みあさりました。

「こんなに効果があって凄いものなら‼」と、たくさんの人に伝えてきました。伝えてはきたのですが、同じことを話しても**引き寄せの効果が起こる人と起こらない人**にわかれていったのですね。

――なぜだろう、引き寄せが出来ない人は、イメージが出来ないから?!

このことに関しては、ずいぶん悩んだものです。「イメージが出来ない」のはもちろんなのですが、「イメージが出来ない」以前の問題があることに気づき始め、今は、少しずつ引き寄せが起こらない原因がわかってきました。

そのほとんどが、心の中にある、

「ブロック」が邪魔しているということ。

このブロックを先に取らなければ引き寄せも起こらない。願いが叶うような人生にはならないのです。うまくいかない人生も、引き寄せが起こらない原因も、願いが叶わない人生も、ブロックがあるためなのです。

まずは、先にブロックを取ることが最優先です。
ブロックとは潜在意識に植えつけられた、まだ癒されていない「心の傷」による、心と行動の癖を指します。

私が今見る限り、ほとんどの人が、「引き寄せ」ブームに乗り、「引き寄せ」に憧れ、「引き寄せ」のファンになり、たくさんの本を買い占め、たくさんのセミナーに通い、いつか私にも「引き寄せ」が起こりますように……と祈っているかように見えます。

引き寄せは、「憧れ」でも、「ファンになること」でもありません。
学んだら、いつか起こることでもありません。

私自身、たくさんの人を育成した経験や、毎日クライアントの人と接しながら、人の心というものを学んできました。その経験を経てわかったことは、ブロックを解放することほど大事なことはないということです。ブロック解放は、あなたがあなたらしい人生を歩み出すための、大きな助けになるはずです。「心のクセ」――ブロックがあるばかりに、おなじ失敗を繰り返したり、いつまでたっても自分の人生にOKが出せない人がいます。そんな人の生きる力にすこしでも役に立てたら……その一心で本書を綴りました。

あなたがあなたらしく、自由にあなたの人生を謳歌し、望みを叶えられますよう、心から願っております。

目次

第一章

ブロックを解かないと願いは叶わない

潜在意識との出合い

私は、1998年に初めて、顕在意識と潜在意識の本に出合いました。

そのずっと昔から『マーフィーの法則』という本は知っていましたが、読んではやめての繰り返しで読破出来ずにいました。外国の本は日本と違って、宣教師や祈りという、あまり日本では馴染みがない言葉が出てくるからか、どうも入り込めずにいたのです。

その時、日本の著者の方による、顕在意識と潜在意識がとても簡単にわかりやすく書かれている本に出合い、そこからのめり込むように読みあさりました。なかでももっとも影響を受け、私の大のお気に入りとなったのが、植西聰さんの『運命を変える成功法則111のヒント』（成美文庫）という本でした。たまたま本屋さんで目に付き、立ち読みをしている最中から身体中に衝撃が走った本でした。

その時に感じたのは、

「これで人生を変えられる！」と思ったこと。

私自身、頭が特別に良いわけでもないですし、何か特別な才能があるわけでも無く、自信の無い人生を送っていたのです。この本に出合うまでは、「特別なことも出来ないし、私の人生には特別なことは起こらないのだ」と思っていました。それが、潜在意識というものを知ってから、私の人生は180度変化していったのです。

「私でも、人生を変えられる方法を見つけた！」

こんなに胸が弾みドキドキした記憶はありません。「この潜在意識を知れば、どんなことでも願いが叶えられるんだ！」と思えたのですから……。「こんなに凄いことって！　もっと知りたい、もっと理解したい、もっと教えて！」とまるで、潜在意識に恋をしたかのように勉強を深めていったのです。

顕在意識と潜在意識

最近では、たくさんの人が勉強されていて、顕在意識と潜在意識の知識をもっていらっしゃると思いますが、少しおさらいしておきますね。

顕在意識とは、まず私たちの知っている意識です。

辛い、楽しい、悲しい、嬉しい、考えていること、など、自分でもわかっている意識のことを顕在意識といいます。この顕在意識は、私たちの意識の中でも、100%のうちの約5%の割合を占めているにすぎません。

もう一つの潜在意識というものは、それ以外の約95%を占めていますが、潜在意識とは自分では知りえない意識。なんと私たちは自分のことをほとんど知らないまま生きているのです。だからこそ、この潜在意識というものが大切になってきます。

引き寄せを起こすのも、この潜在意識という、自分ではわからない力がとっても大切な部分になってきます。

潜在意識を磁石だと思うと面白いのですが、自分の今起きている出来事は、潜在意識という磁石で引き起こしているのです。

ですから、「うまくいっている人生も自分」「うまくいかない人生も自分」が引き起こしていると考えていくと、自分の人生を変えるスピードが早くなります。

生命を守るのは、潜在意識

潜在意識とは、もともと私たち人間を守ってくれる意識です。生命を司る所でもあるのです。そして、今まで生きてきた記憶を全て覚えていてくれる、記憶の倉庫とも呼ばれています。顕在意識では全く記憶が無くて覚えていなくても、潜在意識は全て記憶しています。

このおかげで私たちは生きていけるのですね。もし全ての記憶を覚えていたら、私たちは生きていけない可能性があります。辛い記憶をずっとずっと覚えていなくてはいけないのですから。そういう記憶も顕在意識は忘れてくれるようになっているので、私たちは生きていけるのです。

ただし、**潜在意識にはその記憶は残っています。さまざまな問題の根っこは、ここにあります**。「頭ではこうしたいのだけど、心では抵抗してしまう」ということが起きてくるのです。この顕在意識で思っていることと、潜在意識が思っていることが一致しないことが、心のモヤモヤとして出てくるのですね。

何かこれから始めようとする時、なんだか前に進めない時ってありませんか？
「あれもやりたい、これもやりたい」……でも、やれない自分。

そう、これがまさしく自分が前に進めない、心のブレーキ。
これこそが心のブロックというものなのです。

このブロックが潜在意識に入っていると、顕在意識で思っていることと違う行動をすることになり、現実がうまくいかないという現象が起こってきます。

潜在意識が許可したものしか見せない

私はヒプノセラピーという催眠療法を、仕事の一つとして取り入れていますが、私がヒプノセラピーを好きな理由は、クライアントの人が自分で追体験出来る所です。自分の問題となっている原因を、このヒプノセラピーという手法を使って見ていくのですが、時として、幼少期の辛い経験が出てくる場合もあります。

けれども、その辛い経験を見せるという許可をするのは、潜在意識なのです。

先程も言いましたが、潜在意識は自分の生命を守る役目をしていますから、まだ過去の経験が癒されていないもの、そして生命が危ぶまれるものに対しては、見せないようになっています。ですから、過去の経験などを見る時、その過去はすでに癒されている場所であり、もう終わらせてもいい場所なのです。だからこそ見ることが出来るのですね。

そのくらい、潜在意識というものは、あなたの生命を守る為に、しっかりと働いてくれているのです。

スピリチュアルの意味

ところで、あなたはスピリチュアルに抵抗はありませんか?

私は、スピリチュアルが好きな人がいても、スピリチュアルが嫌いな人がいても、どちらでもいいと思っています。目に見えないものは信じられない、という人もいますが、世の中には目に見えないものがたくさんあります。スマホの電波だって見えないものですが、科学的に立証出来ているので信じられますね。見えない力、見えないエネルギー、そういったものは、「スピリチュアル」と区別されることが多いようですが、ほとんどの人がこの見えないエネルギーを感じているのは確かな気がします。

例えば、よく人混みの中に行って、「具合が悪くなった」「人の気に酔ってしまった」などと聞きます。これは、人のエネルギーを感じてしまい、具合が悪くなっているのです。ほとんどの人が、人のエネルギーを体感し、見えないエネルギーを感じているということなのです。

「運」というのも、見えませんよね。

よく運が良かった、という言葉を聞きますが、運というものはそもそも見えません。「運」という見えないエネルギーを、みんなどこかで感じているのです。ということは、ほとんどの人が、「信じる信じない」は別として、スピリチュアルというものを体験しているのだと思います。

ただ、私の考えている一番の**スピリチュアルは、「心」**だと思っています。

そして、スピリチュアルの本来の名前の由来は、「スピリット」すなわち「精神」から来ているのです。

心も実際に見えません。これこそが、一番のスピリチュアルです。

顕在意識と潜在意識は、目に見えるものではありません。ですから、顕在意識も潜在意識もスピリチュアルなのですね。私が行っているスピリチュアルは、直接見えない潜在意識にある原因を視るために、ハイヤーセルフという高次の存在とつながり、その原因を突き止めていくという手法を使っています。

スピリチュアルは、誰もが持っている力で出来ます。
どんな人も、直感、第六感、霊感が備わっています。
その本来の力を使いながら、スポーツの技術を学ぶように出来てしまうのです。

そして、私たちには、必ずハイヤーセルフという、「本来の自分」「神に近い自分」という高次元の存在があり、その高次元の存在とつながることで、降りてくる直感をキャッチすることが出来ます。そうすると自分らしい生き方が出来るようになってくるのです。

このように、本来のスピリチュアルは、一人ひとりの人生の向上、そして気づきや成長のためにあるのだと思います。

思考だけでは現実化しない

世の中には、「思考は現実化する」という本がたくさん出ていますし、私もそう信じてきました。しかしブロックを取る仕事をしていて、わかることが出てきました。

それは、「思考は現実化」しない、というよりも、**思考だけでは、現実化しづらいということ**です。考えたことが、そのまま現実化してしまったら、私たちはとっくに死んでいるかもしれません。

「階段から落ちたらどうしよう」

と思考で考えたら、階段から落ちるというわけですから。

「あの人なんて、いなくなっちゃえ！」

と考えたら、いなくなってしまうという現実すら起きかねません。

それでは困りますから、思考がそのまま現実化するわけではなく、毎日考えていたことが潜在意識まで刷り込まれていき、それがやがて現実化するのです。

例えていうなら、潜在意識には扉があるとイメージして下さい。

その扉は、なかなか開けることが出来ません。

生命を守っていますから簡単には扉を開けてくれないのです。そこに一生懸命に願いごとを入れようとしても潜在意識という扉は開きません。新しい情報が入る時に潜在意識の中にブロックがあると、ブロックに共感したものにしか扉は開かないのです。ということは、**自分の潜在意識と、マッチするものしか扉は開かないようになっている**のです。

なぜネガティブ思考の人が、自分の人生がなかなか好転しないかというと、ポジティブなことを思った所で、潜在意識の扉は開かず受け入れてくれないからです。ネガティブなことにだけ扉が開いてくれますから、いくら頭の中でポジティブに考えても、ブロックがある限り、なかなか扉は開かないということですね。

特に現在は、この潜在意識にまで自分の願いが届くような手法がいろいろとあります。イメージング法や、口グセを変える言霊や、アファメーションなどです。これらは現実を変えるにはとても有効な方法です。

しかし、**自分の潜在意識にあるブロックを取っていかなければ、この潜在意識の扉は**

開きません。ですから、まずはブロックを取ることから始めていくと、イメージング法や口グセを変える言霊、アファメーションがよりいっそう活き、願いも叶いやすく、思った通りに生きられるようになるのです。

人生がうまくいく秘密はどこにあるのか？

これは私が聞いた、「なるほど！」というお話です。

大昔のある時、神様が集まってミーティングをしたそうです。その時に、人間の人生のうまくいく秘密をどこかに隠して、見つからないようにしようと考えたそうです。

「人間たちはうるさいし、文句も言うし、言うことも聞かない」

その人生がうまくいく秘密を、土の中に隠そうか？　木の中に隠そうか？　山に隠そうか？　海に隠そうか？　それともどこか見えない洞窟に隠そうか？　と考えあぐねた挙句、一人のとても賢い神様が、**「人間は、自分の内側を見ることをしない」**と言い出し、そこに隠したのです。それが潜在意識なのではないでしょうか？この「内側を見ない」というのは本当にその通りです。自分の内側を見ずに外側に原因を求めるのです。

例えば、「お財布は長財布がいい」という開運方法はとても人気があります。私も開運方法を実践したり、お教えしたりするので気持ちはよくわかります。でも、本当に**人生がうまくいく人は、「自分の内側にうまくいく秘密がすべて隠されている、ことがわかっている」**ものです。だから私は今、内面を見る人が人生をうまく活かせるチャンスの時だと捉えています。なぜなら内側を見ない人がほとんどだからです。

この本を手にしたあなたは、自分の内側を見ようとしているわけですから、人生がうまくいくチャンスを掴んでいる、ということになります。今、時代はどんどん「心」に向かっていき、これからはもっと心が重要視される時代に入っていくと思っています。読者の方には、「自分の内側にある自分の人生がうまくいく秘密」を本書で掴んで欲しいと願っています。

イメージングだけでは願いは叶わない

私は、イメージをすることがとても大切だと思っています。

ところがイメージが出来れば引き寄せは出来るはずなのに、ほとんどの人が引き寄せもイメージも出来ないという現実に向き合うことになりました。

なぜだろう。

こんなに何度もイメージすることの重要性を伝えているのだから、みんな出来るはず！　と信じて疑わなかったのですが、もし全員が出来ているならば、みんな幸せになっているはずですよね。でもそうではないということを、現実に学んできました。

まず、イメージしましょうと言っても、出来ない人がとても多いことに気づきました。原因に自分のタイプを知らずにイメージングしているということがあったからです。

人は、「見える」、「聞こえる」、「感じる」タイプに、大まかにわかれます。

そして、どんな人もこの3タイプを持っているのですが、その中で一番強く出るものが、その人のタイプになっていくのです。日本人は特に「見える」タイプが多く、目に見えるかのようにイメージをしましょう、具体的に叶っているかのようにイメージすることが大事だと、私自身も教えられてきました。ですが、目に見えるかのようにイメージが出来ない人に、仕事柄たくさんお会いしたのです。

目に見えるようなイメージが出来なくて、自分は出来ないのだと思い込んでいる人にたくさんお会いしました。そうです。イメージは自分のタイプに合わせていかなくてはいけないのです。そうしないとうまくいきません。こちらのイメージ方法は、55頁に載せておきますので実践してみて下さい。

ではイメージ出来たからといって、それがすべて叶う訳でもありません。いくらイメージしても、心の奥の潜在意識までそのイメージを落とし込まなくてはいけないからです。

潜在意識が、「イメージなのか」、それとも「現実なのか」わからなくなるまで、落とし込むことが大事なのです。その時に出てくるのが、**ブロック**なのです。

ダイエットを思い浮かべてみましょう。

1か月で3キロ痩せた私をイメージしてみました。だけど、心の奥で、「3キロなんて、無理だし……」というささやきが聞こえてくるのです。

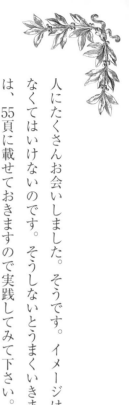

この「無理だし……」という心の声が、ブロックです。

そして、ブロックがかかったものは、イメージしようとしても残念ながら出来ないのです。イメージが出来たとしても、心が抵抗しながらイメージしてしまうので、理想の自分をイメージした所で潜在意識は受け入れてくれず、願いは叶わないのです。

そして、もう一つ大切なことは、行動しないということ。

イメージすれば願いを叶えることが出来ると、思い込んでいる人が多いように思います。イメージはとても大切なことですが行動しなければ願いは叶いません。

例えばですが、彼が出来るイメージングをしても、外にも出かけない、誰にも会わない生活をしていたら、彼と付き合うことはなかなか出来ません。

家にいました。誰かがピンポーンとやってきて、「僕は未来の彼氏です」という風にはやってこないのです。これは、ちょっと大げさですが、このようにイメージングだけをして、行動していない人が多いのではないかなと思います。大事なことはイメージングだけではなく、行動することなのです。

第二章

心のブロックとはなにか

本質的なブロックは幼少時に作られる

私たちには、「自分を守るブロック」というものがあります。ブロックは決して悪いものではありません。私たちを守ってくれるものですから。ただし大人になると、それが足かせとなって前に進みにくくなったり、制限が出来てしまったりと、生きづらくなっていきます。

その本質的なブロックはいつ出来るのか？　ということですが、だいたいは幼少期に作られるものがほとんどです。これが根深い本質のブロックになっていくのです。その本質的なブロック、大きなブロックは、親子関係からくるものが一番といってもいいでしょう。ブロックは私たちの育った環境に大きく影響してきます。

ブロックの根本は親子関係

では、なぜ親子関係が一番強く、ブロックの原因になるのか？

私たちは生まれてきて働く年齢になるまで、親がいなくては生きていけません。ですから、親ではなかったとしても、養育してくれた人の影響を一番受けていると考えられます。その中でも特に影響を受けているのが、お父さんよりもお母さんだと思います。もちろんお父さんや、おじいちゃん、おばあちゃんの影響を受けている人もたくさんいらっしゃいますが、ただお母さんの影響が大きいという人がやはり多いのです。

家庭環境の中で、どのように育ったかがとても重要。

もし親がいなかったら生活も出来ないですし食べていけない。究極の話をすると、生きるか死ぬかに関わる問題になる。親がいなければ死んでしまう状態になることを、私たちは本能で知っています。だから、親が絶対的な存在であり、親に教えられたことを守らないといけないことを無意識に知っているのです。

その大きな存在である親がどういう言葉を使ってきたか？
どういう態度で接していたか？
どういう学びを教えてきたか？

それがとても重要で、ブロックの成り立ちに起因します。親も人間ですから、どんなに素晴らしいと言われている親の中で育っても、ブロックは出来てしまいます。

もちろん親だけではなく、その周囲の環境も影響しますが、一番大きな影響を受けているブロックはやはり、家の中で起こっていると思った方が良いのです。

子供の時の制限というブロックが影響する

サーカスで育ったゾウがいました。

子ゾウの時に鎖につながれて育ったのです。鎖につながれたら子ゾウは動けません。そして、いい子にしていれば美味しいエサがもらえます。

そうやって毎日毎日鎖につながれ、いい子にしていた子ゾウは、だんだんと大きくなり力がついても、鎖につながれたら外そうとはしません。子供の時に学んだ、鎖につながれたら身動き取れないということが刷り込まれていき、大人になったゾウの力なら引き抜くことが出来る鎖を、「外すことは出来ない」と思い込んでいるのです。

これが、人間でいうブロックなのです。

子供の時に作られた深い本質のブロックは、本当に外すまでに時間がかかってしまうのです。

褒められて育ったのか厳しく育ってきたか

「ブロックを外したい」とご相談にいらっしゃる人の多くは、厳しく育てられている人が多いのです。

育ってきた時代もあると思います。私が育ってきたアラフォー世代の親たちは、戦後生まれで、厳しく育てるのが教育だと思っている人も多く、学校も昔は、先生が厳しく手を上げている時代でした。今は全く違う時代になったんだな、とニュースを見ながら思います。もちろん、20代の人でも厳しく育てられている人も多いですから、年齢もあまり関係ないのかもしれません。それとは逆に甘やかされて育ち、自立出来ない人も多くいらっしゃいます。ブロックが出来るのは決して厳しく育てられただけではないということですね。

ただ、厳しく育てられたのか、それとも褒められて育てられたのかは、とても重要になってきます。厳しく育てられた人は、その経験が潜在意識に入り込み、書き込まれています。褒められて育った人は同様に、褒められた経験が書き込まれています。

潜在意識に刻み込まれたものは共感しやすく、潜在意識に無いものは、共感しにくいのです。例えばこういうことがあります。厳しく育てられ、「いつもあなたは、ダメな子」と育てられた子の特徴です。

先生に、「あなたは、とってもよく出来るわね」と褒められていたとしても、「私は、そんなんじゃない」と拒否して、自分を否定します。

でも、先生から「なんて、あなたはダメなの」と怒られたら、「やっぱりね」と受け入れます。

では、褒められて育った子供は、例えば先生から、

「あなたは、どうしてダメなの」と言われても、
「そんなことないし」と受け入れず、先生から、
「あなたは、よく出来るわね」と言われたら、
「やっぱりね」と受け入れ、素直に喜びます。

こんなに受け入れ方が違うのです。厳しく育った人は、いくら褒めても受け入れてくれず、自分がダメだと思う言葉だけを受け入れようとしてしまうのです。そうやってダメな自分を探し、そして共感し受け入れてしまうのですね。どちらかというと、褒めている言葉は聞こえていないという感じです。ダメな自分の言葉だけを拾い、「やっぱり私はダメなんだ」と確認作業をして、ダメな自分をどんどんと自ら作り上げていくのです。

物事の捉え方の違いは心から

人は、潜在意識に刻み込まれたことに共感していきます。同様に物事の捉え方の違いは心の中の問題で変わります。

同じことを話していても、あまりにも物事の捉え方が違い驚いたことを今でも覚えています。例えば、肌にとてもいい薬草があり、それを食べたら劇的に肌がキレイになるとしましょう。肌がキレイになりたいという人たちに食べてもらうと、必ず真っ二つの声にわかれるのです。

「肌がキレイになるくらい凄い‼」と喜ぶ人たち。

そしてもう一つは、

「肌がすぐにキレイになるなんて、怖い‼」と恐れる人たち。

最初は、この二つの声に驚きました。

肌がキレイになりたくてしょうがないというのに、いざ使ってキレイになったら怖いというのです。この二つの声の違いこそが心の中の問題になっていくのですね。

「凄い！」と思える人は、素直に受け止められるポジティブな心。

「怖い！」と思う人は、ネガティブな心になっているのです。

同じ内容を聞いても、自分の捉え方が全く変わってしまうということなのです。

これもやはり、親からどう育てられたかが影響します。

ネットにも、必ずポジティブなコメントをする人、ネガティブなコメントをする人にわかれます。もちろん、発信者が何を伝えるかで問題は変わりますが、いつもネガティブなコメント、ネガティブなことを書く人も、この心の問題に当てはまります。

非難したい心になっているということ。

相手に向けて、「わかって欲しい」「認めて欲しい」または、「私の方が正しい」といつも誰かと戦っていて自分が勝ちたい。自分の癒されていないブロックが出てきて、相手に反応してしまうのです。だから、いつもネガティブなことを言われている人ではなく、ネガティブなことを言っている人の心の方の問題を見ています。

自分の癒されていないブロックに気づかないと、いつまでもネガティブな言葉やブロックに反応して誰かを攻撃してしまいます。

ブロックは悪いわけではない

ブロックという話をしていると、まるでブロックが悪者（笑）。

確かにブロックを取るという作業をすると、ネガティブ探しみたいになってしまいますが、実はブロックは悪いわけではないのです。幼少の時、生きる為にブロックを作ることで生命を守ってきたのです。

例えば、親からライターを持つたび「危ない！」と毎回言われていたら、火という危険から守られます。

でも、大人になると、どうもライターを持つことさえも怖くなる。
というブロックが出てきます。

だから、バーベキューなどに行った時に、「どうもライターが持てないんだよね」

となる、これがブロックです。

心のブロックとは、簡単に言いますと、**過去からのトラウマや思い込み、やりたいことがあるのに前に踏み出せない、なぜかこれが出来ないなど、生きる上で何かわからない心の妨げがある感じ、**のことです。

では、そのブロックは悪いもの？

って、思われがちかもしれませんが、私が考えるブロックは、悪いものでは全くありません。心のブロックが無い人なんていないと思いますし、みんながそれぞれブロックを持っています。私は心のブロックがあるから、自分自身を内観して自分自身をみつめるようになれ、成長していくのだと思うのですね。

ブロックが多い人は頑張ってきた証拠。だからブロックがあって良いのです。

だけど、そのブロックが多くなればなるほど、私たちは生きにくくなっちゃうのですね。**やりたいけど動けない、いつも後ろ向きになってしまう、何か心に引っ掛かる、恋愛がうまくいかない、頑張っているのにお金が入らない。そのブロックが人生を妨げている時は、ブロックを外していかなくてはいけません。**

勘違いという思い込み

子供の頃に出来たブロックは、勘違いから出来ていることがほとんどです。今、大人となってわかることも、子供の時にはわからないことがあるのです。

例えば、少し古いかもしれませんが、ストーブの上のやかんに手を当てそうになった。お母さんから、「ダメー！　なんてことするの、危ないじゃない！」と凄く怒られたとしましょう。大人になった今なら、お母さんは私のことを心配して言ってくれたんだな、とわかります。でも、子供の頃に受け止めたのは、「お母さんに怒られた。私はいけないことをしちゃった。私はいけない子なんだ」という認識です。つまり、私はいけない子だと認識してしまうのです。

子供は純粋で、そのまま受け止めるので、勘違いのブロックとして、自分の中に認識していることがあるのです。それに、いつも優しかったお母さんが、たった一度だけもの凄く怒っただけでも、「私はいけない子」として認識している場合があります。こうやって、勘違いという思い込みが出来てしまったりしているのです。

思い込みから現実を作っていく

思い込みから、「自ら自分で演じていること」って、とても多いのです。引き寄せではなく、演じているという言葉がとてもピッタリだと思うのですね。

例えば、「私は嫌われている」と思い込んでいるとしましょう。

仕事場で、先輩に仕事を頼みました。そうしたら、先輩から、「ごめんね、今忙しいから、後にしてね」と言われました。

嫌われている、と思い込んでいる人は、この言葉に対して、「私が嫌われているから、後回しにされたんだ」と、また思い込みます。

そうすると、一人で悶々と考え始めるのですね。私が嫌われていているから、後回しにされてムカつくのです。そして、だんだん拗ねてきて腹が立ってくる。

そんなこと、誰も言っていないのに……。

そうやってどんどん許せない気持ちが出てきて、いざ先輩から「さっきの仕事、やりますよ」と言われた時には、嫌われていると思い込んでいますから、機嫌悪く渡したりするのです。その機嫌の悪い姿を見て、先輩から、「何この子、なんて態度が悪いの?」と嫌われていくのです。

こうやって、自ら嫌われていると思い込んでいる自分を演じて、一人落ち込み、またまた嫌われてしまうということが、実際に起きているのです。このお話は多くの人が思い当たるフシがあるのではないでしょうか。

もちろん私も、過去にはありました。

自分のネガティブな思い込みから、自分で勝手にネガティブに解釈して、さらに自分で演じていく。とってももったいないのです。ネガティブな思い込みは、自分でネガティブを演じているということ、それをやめるだけでも人生は変わるのです。

問題は自分の中にある

「問題は自分の中にある」

この言葉を心の奥から受け入れることが出来れば、人生は本当に変わります。


起こっているうまくいかない原因は自分の中にあります。物事がうまく進まない、人生が全然良くならないという人にお会いします。問題は自分の中にあると思っていらっしゃる方も勿論いらっしゃいますが、その場合は解決が早いのです。けれども、どうしても問題が自分の中にあるとは、認めたくない人もいらっしゃるのです。


「旦那が悪い！」

「彼が悪い！」

「親が悪い！」

「上司が悪い！」
「あの人やこの人が悪い！」

そう思っている人が解決を求めてきても、残念ながら何も変わることはありません。私が過去に出逢った経営者の人がいます。うまくいっていない時の態度や言葉でその人の経営がわかりました。うまくいかない経営者は、自分以外の原因を探し出し、うまくいかない理由を探しているのです。

「国が悪い！」
「政治家が悪い！」
「この不景気が悪い！」

よ〜く、考えて下さいね。うまくいっている経営者の人も、世の中にはたくさんいるのです。同じ国で、同じ政治で、同じ不景気なのです。

うまくいかない原因は、必ず自分の中にあります。

自分の仕事の考え方が原因かもしれませんし、自分の行動が原因かもしれないし、自分はダメだと思っていることが原因かもしれない。そこを見つけ出さない限り物事は好転しないのです。けれども、どうしても私たちは**自分が悪いと認めたくない**傾向があります。

その一つの原因としては、自分が悪いと認めてしまうと、「怒られる」「責められる」と思っているからではないでしょうか?

そして、責任を負いたくない。

これも、ブロックから来ている人が多いのですね。

どうしても、自分の中に原因があると認めたくない人の多くは、小さい頃にいつも怒られて育ったため、自分が悪いと認めてしまうと怒られる、という意識が働いてブロックをかけてしまいます。

「誰かのせい」にするもう一つの原因は、まだ大人になりきれていない「心」なのかもしれません。私は、子供の時に寝坊をしたら、すべて「母のせい」でした。私が寝坊したのにも関わらず、起こしてくれなかった母が悪かったのです。

寝坊したのは、「私」なんですよね。母のせいにすることで責任を負わないようにしていました。これは子供だから許されていたのです。大人になった今、「寝坊したのは母のせい」にしていたらどうでしょう。おかしいですよね？　大人になってまで、「何かのせい」「誰かのせい」にして責任を押し付けていたら、まだ心が大人になりきれていないという証拠なのです。

自分の中に問題があるという認識を持ち、自分の責任を取るという大人の心になり、その問題の原因を受け入れられれば、とても早く物事は好転していきます。

ブロックを浄化するワーク

イライラしたり、怒りがおさまらなかったり、悲しい気持ちや、辛い気持ち、なんだかモヤモヤする、スッキリしない、やる気がない、そんな時は、潜在意識の中にある**ブロック**が出てきているのかもしれません。

そんな気持ちの時に、ぜひ**〈やって欲しいワーク〉**をお教えしますね。

こちらは、毎日やるだけで、気持ちがスッキリして、人に振り回されない**「自分軸」**も出来るワークです。

車の運転中以外は、いつでもどこでも出来るワークなので、ぜひやってみて下さい。

私は、このワークをすることで、気持ちが全く変化した経験があります。そして、このワークは、ちゃんとやらなければいけない、一語一句間違えてはいけない、などの制約がありません。

頭で行うのではなく、心の中で行って下さい。
雑念が出てきても気にしないこと。
人間は、無欲になることは難しいのです。

無欲になるのは、無になる「欲」ですので、そういうことも気にせずに、出てきた雑念もワークでどんどん取り払って下さいね。

このワークをすると、毎日気持ちがスッキリしてきて、ブロックも浄化することが出来ます。

まずは、ワークを始める前に、自分のタイプを知ることが大切です。いろいろなワークがありますので、自分に合ったやりやすい方法で、行って下さい。

【タイプ別イメージング法】

イメージングするために自分のタイプを知ることがとても大事です。

世の中のイメージングは、「映像でしっかり見ましょう」という内容が多いです。私もずっとそう思っていましたし、そう教えてきました。

ですがある時、「イメージング」が出来ない人が、とても多いことに気づきました。このことに悩んでいる人って、いっぱいいるのではないかな？と思います。

そして、みなさん「イメージング」が出来なくて、やむなくイメージングすることすら諦めていたんですね。

私も、なぜ「イメージング」出来ないのかわからないまま過ごしていましたが、スピリチュアルや心理学を学んで、ようやくその答えがわかりました。

人にはそれぞれのタイプがあり、**全員が全員、映像で見えるわけではない**ということなのです。

では、どんなタイプがあるのか？

3つのタイプに分けることが出来ます。

1　見える
2　聞こえる
3　感じる

の3つです。

ゆっくりリラックスして、自分のタイプを知りましょう。
そして、この3つのタイプのどれが良いという訳ではありません。

「自分のタイプを活かすこと」
これがとても大事です。

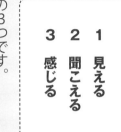

では、自分のタイプを知るための、ちょっと簡単なテストをして頂きます。
誰かに読んで頂いて、目をつぶってイメージして下さい。

もし出来なければ、ちょっと大変ですが、1行読んで目をつぶってという
ことを繰り返して、最後まで進めてみて下さい。

〈始まり〉

あなた（私）は、キッチンに行きます。

⬅

キッチン台には、レモンがありました。

⬅

そのレモンをまな板の上に置き、

⬅

それを包丁で半分に切ります。

レモンのフレッシュな香りがします。

今度は、その半分になったレモンを手に取り、

思いっきりかじります。

口の中では、「じゅわ～」と、レモンの酸っぱさが広がります。

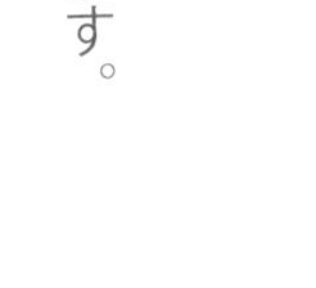

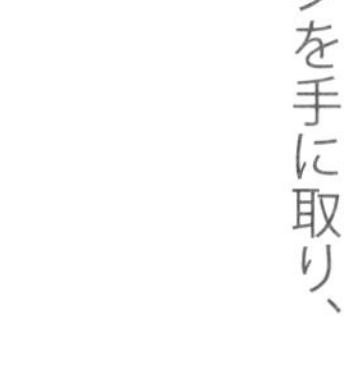

〈終わり〉

どんな風にイメージ出来ましたか？

・キッチンはどんな風に出てきましたか?
・レモンはどんな風に出てきましたか?
・レモンの香りは?
・レモンの味は?

1 キッチンやレモンが、画像で見えた人は、見えるタイプ

画像が見えるタイプでも、動画で見えるタイプ、静止画で見えるタイプなど違いがあります。

2 キッチンやレモンよりも、キッチンの冷蔵庫の電気の音や開閉の音、換気扇の音、包丁がまな板にあたっている音などが聞こえた人は、聞

こえるタイプ

3 **なんだかキッチンにいる感じ、レモンに包丁が入り込む感じ、酸っぱい感じがする人は、感じるタイプ**

まずは、現在の自分のタイプをしっかりと理解して下さい。

この3つに当てはまらない時は、焦っている時、緊張している時、頭で理解しようとしている時が多いです。

この3つのタイプの中で、現在、自分が得意としているタイプでイメージングしていかないと、「出来ない！」と諦めてしまう気持ちが出てきてしまい、潜在意識を活用することが出来なくなってしまいます。

なぜ、「現在の自分のタイプ」と書いたかと言いますと、慣れてくるとタイプが変わってくる場合もあり、混合するタイプもいるからです。

まずはイメージングに慣れていきましょう。

では簡単に、目をつぶって頂いて、

「青い空、白い雲」を、

見える人はイメージする。

聞こえる人は耳を研ぎすませてみる。

感じる人は、体から感じてみる。

ようにして、イメージして下さい。

・**見えるタイプ**なら、青い空に白い雲が見えているかもしれません。

・**聞こえるタイプ**なら、澄みきった空の音が聞こえ、ふわりとした雲の音が聞こえ、飛行機の音まで聞こえているかもしれませんね。

・**感じるタイプ**なら、青い空の下にいる感じがして、その空に雲がある感じがするかもしれません。

ざっくりと書きましたが、人それぞれの捉え方ですから、自分の捉え方をして頂いて良いですからね。

まず自分のタイプを把握して、イメージングする練習をしましょう。

column

『私は、私が大好きです！』
『私は、私を愛してます！』

と声に出して言って下さい。

この言葉がスムーズに言えて、気持ちも「その通り！」という思いなら大丈夫です。でも、この言葉を発する時に、スムーズに言えない、言うのに戸惑う、言うと胸が苦しくなったり、ザワザワしてしまう時は、自分のことを好きではなかったり、自分を好きになれないブロックが詰まっています。

この、ザワザワが、ブロックなのです。

そこでやって欲しいのは、毎日寝る前に、出来たこと、うまくいったことを褒めて寝てみて下さい。

① 今日は○○が出来た！ 私、よく頑張ったな。
② 今日は、電車で席を譲った。私ってエライ！
③ 今日は、家族にご飯を作った！ 忙しいのに私、よくやってエラいな。

こんな風に、小さなことでもいつも寝る前に褒めてあげると、どんどん自信がついて、自分のことも好きになっていきますよ！

第三章
自己嫌悪のブロック

痩せられないのも心のブロックから

多くの女性は、「痩せたい」と思っています。私もその一人です（笑）。

残念ですが最近の私の中では、一番外れにくいブロックがこれ。昔、自分の中でデータを取ったことがあるのです。痩せている人と痩せられない人のデータなのですが、「なるほど！」と思ったのが、

「痩せている人は、いくら食べても痩せられる」

と思いながら食べているのです。

「痩せられない人は、これを食べたら太ってしまう」

と思いながら食べているのですね。

ということは、**痩せている人は「食べても食べても太らない」という思い込みで、太りやすい人は、「食べたら太ってしまう」という思い込みがある**のです。「痩せよう！」という執着も強いので、なかなかダイエットも成功しません。強く「痩せたい」と思うと執着になっていまい、無意識では、「痩せない」と認識してしまうのです。だから、なかなか痩せないということがあります。

ダイエットが趣味になっている人も痩せません。だって心の中でダイエットが楽しくて、ダイエットが好きになっているので、無意識で「ダイエットがしたい私」になっているからです。ダイエットマニアになっている時は痩せにくいのです。

私も、子供を産む前は、「簡単に痩せられる」と思っていましたから簡単に痩せていました。だから、ダイエットには全く興味が無かったのです。でも妊娠前からいろいろな話を聞かされ、「産後は痩せにくい」と知った私は、産後なかなか痩せられなくなったのです。思い込みから潜在意識に刻み込まれブロックとなったのですね。

ダイエットをされている人は、

「親が太っているから、痩せられない」

「私は太りやすい体質」

「私は水を飲んでも太ってしまう」

こんな思い込みを持っていると、運動や食事などに気をつけていても、なかなか痩せません。ブロックが邪魔をするのです。


ダイエットは、ブロックを取りながらやると効果的です。私もこのブロックを頑張って外していこうと思うので、痩せたい女性は一緒に頑張りましょう。

なぜか不幸な人生を歩んでしまう

不幸な人生を歩んでいる、という人にたびたびお会いします。

なぜそんなに不幸が訪れるのだろうと、不思議に思ってしまうくらいに不幸な道に行ってしまう人がいます。そういう人の心を見ていくと、自分では自覚は無いのに、心の奥深い潜在意識の中に「私の人生は不幸」というブロックが刻み込まれています。

潜在意識を紐解いていくと、**子供の時のご両親との関係から、「私は愛されない」という思いが強く入っていたり、「私はどうせ不幸な人生なんだ！」と子供の頃に決めていたりします**。

そうやって自分で決めたブロックによって、望んでいるかのように不幸な人生を歩んでいきます。もし、幸せな道と不幸な道のどちらか選ばなければいけなくなったら、そういった人は真っ先に不幸な道を選ぶのです。これも無意識に選んでいるのです。

自分の人生は不幸になると決めていますから、「不幸が私らしい」と不幸の道を選んでしまいます。ただ、**「不幸な人生」と決めているほとんどの人が、その自覚はありません**。頭では「幸せになりたい」と思っているので、なぜ自分が不幸な人生にばかりいってしまうのだろうと不思議がります。自分が選んでいるということは考えすらもしないのです。

だから、気づきにくいのです。そういった人に私は、「幸せになると覚悟を決めて下さい」とお伝えしています。頭では幸せになりたいと思っていても、いざ「幸せになる」と本気で決めようと思っても出来ないのです。今まで不幸な人生が慣れている人にとって、幸せになることは本当に怖いことなんですね。だから、なかなか出来ない。でも「幸せになる！」と決めただけで、人生は一気に変えることが出来るんです。

自分がわからない、感情さえもわからない

私のセッションに来た人で、こんな女性がいました。
セッションですから、みなさん悩みを持っていらっしゃいます。
ですから、まず「どんなお悩みがありますか？」と聞くのです。
返ってきた返事は、「わかりません」でした。

私は「えっ？」と、思いましたが、すぐにわかりました。

自分がわからない、自分の感情さえもわからない状態だということを、すぐに理解出来ました。この女性は、私にとっても過去、一番鍛えられた女性だと思います。
悩みはたくさんお持ちなのに、なぜ全く悩みがわからないのか？

それは小さい時、お母さんから感情を押さえつけられた状態だった、というのが原因でした。自分の人生を歩むというよりも、「お母さんの言う通りにしなさい、お母さんの言う通りに生きなさい」と育てられているのが、すぐにわかりました。

お母さんの言う通りに生きなくてはいけなかったので、自分の感情を出したら怒られます。だから自然と自分の感情を押し殺し、自分の心に厚い厚いフタを閉めてしまったのです。ですから、自分の感情がわからなくなってしまい、自分のことさえもわからなくなってしまいました。


「なんだかこのままではいけないような気がする」という本能のまま、ご相談にいらっしゃいました。なぜ自分がこうなったのかもわからない。人の気持ちにさえも、気づきにくい状態だったと思います。私が、「原因がここにありますよ」とお伝えしても、その女性の心には全く入り込みません。

目の前の女性に話しているのに、心は無い状態に見え、遠くの人に話しかけているかのような状態でした。人に嫌なことを言われても気づかない状態だったのです。これでは、生きづらいだろうなと思いました。事実、あまり物事もうまくいっていないような状態でした。

そこから数回お会いして、その女性の心のフタを開けるために、味わったことの無い程の経験をさせて頂きました。見ないようにして生きてきた、数十年分の心のフタを開けるのですから、そう簡単ではないと思いましたが、本当に大変で本気で向き合っていきました。

ようやく心のフタが開いた時、彼女が言ったことは「こんなに辛いなんて」の一言でした。

辛い感情を見ないで生きてきたわけですから、フタを開けたら辛いのはわかっていました。その後もフォローしながら、その女性を見守ってきたのですが、その後、彼女が友人に言われたことは、「人間らしくなったね」だったそうです。

その言葉は、すべてを物語っているようでした。

感情がわからずロボットのような感じになり、人間味が無かったのですね。感情が出て、初めて人間らしく戻れた。「心と向き合えない」「自分の感情がわからない」、こういう感じの人がとても多い昨今です。そして実際、「自分の心にフタをしている」人がとても多いということにも気づきました。自分の心の奥深くにある潜在意識や感情にフタをすると、「自分がわからない」、「自分がどういう気持ちなのかがわからなくなる」のです。だから、自分と向き合うということはとても大事です。

今その女性は、とても活き活きと人生を満喫しています。こんなに変化した人は、お目にかかれないくらいの大変化を遂げました。そして、旦那さまとの関係もとても良くなったということでした。時間はとてもかかりましたが、「こんなに人生の時間を早めてくれて、感謝しています」と、ご連絡を頂きました。

でも、本当に頑張ったのは、私ではなくその女性なのです。自分に変化が起きると、周りも変化が起きることを、私は彼女から学ばさせて頂いたのですね。

直感が働く人と働かない人

直感は誰もが受け取れる素晴らしいギフトです。

うまく人生を運んでいる人を見ると、直感力をみなさん上手に使っています。直感が働くと、自分の行きたい道に進めたり、良い方向を選択出来たりと、直感が導いてくれることってたくさんあります。

どんな人にも第六感や動物の勘など、いわゆる直感がありますが、ただそれを受け取れる人と受け取れない人にわかれるようです。その違いはやはり情報社会になり理屈で物事を捉えることで、元々備わっている直感を受け取れなくなっているのだと思います。

その他に、直感というメッセージが降りてきていても、自ら受け取らないケースもあります。

「自分はそんなことはあるはずはない」
「自分はそんなことは出来ない」
と、自分を卑下しているため、無意識にメッセージを受け取ることを拒み、自分の人生をより良く生きることが出来ていない人にお会いします。

そして、「自分の人生は不幸」という深い深い無意識のレベルで、ブロックがある場合、直感はすべて「不幸の直感」を選択をします。不幸な直感のメッセージに従い、不幸を選び、不幸の人生なんだと強く自分に刻み込み確認し、不幸の人生を歩み続けます。

ブロックがあると直感もそのまま受け取れず、ねじ曲げられ、良いメッセージさえもブロック通りに受け止めることになります。人生がなかなかうまくいかないように歩んでしまうのです。

悲劇のヒロインと、かわいそうな私

悲劇のヒロイン。

女性には、とてもとても多いヒロイン像です。悲劇のヒロインの特徴として、どう見ても幸せな生活を送っている人が多く、何の問題もない人が多いこと。もちろん、幸せな生活を送っていても、苦しかったり悲しかったり、多少の心の問題はあったりはします。

けれど、悲劇のヒロインは、「悩まなくてもいいことを探し出して、自ら悩んでいる、かわいそうな私」なのです。

だから悲劇を装って、「かわいそうな私」をみんなに見て欲しくて、同情して欲しくて、かまって欲しくて、やってしまうのですね。

とっても幸せなのに。

悲劇のヒロインは、ちょっとした、ネガティブな問題を探し出し、ネガティブな言葉だけを集めて、悲劇の森の奥に引きこもり、「なんてかわいそうなの、私」と、こうなっているのです。

この悲劇のヒロインをやめれば、幸せに気づけるのです。
だって本当は幸せなのですから。

ただきみしい私
かまって欲しい私
愛されたい私
みんなにかわいそうと思ってもらう私
というブロックをしっかり取ることです。

でも、悲劇のヒロインになりたいばかりに、自ら不幸を生み出す人もいますから、そこは気をつけたいところ。悲劇のヒロインのブロックの持ち主はあまり強くない人が多いのです。**「悲劇のヒロインをやめる！」と決めると、悲劇のヒロインの森から抜け出すことが出来て、本当の幸せが手に入ります。**

そして、不幸な自分を探して数えるのではなく、幸せな自分を探して数えていくのです。そうすれば、「自分がどれだけ幸せなのか」に気づけ、もっと幸せがやってきます。

口グセで心の中と思考がわかる

口グセ、いざという時に出てくる言葉は心の中を映し出すものなのです。

私は、思考のクセ、心の持ち方のクセを直すアドバイスもしています。とっさに出てくる言葉が、ネガティブなニュアンスの人は、思考も心もネガティブであることが多いのです。こういうことはご本人は全く気づいてないから面白いです。無意識に言葉に出しているので、私から指摘された人は、クセを正されるたび、自分の言っていた言葉に驚かれることが多いのですね。

それだけ意識が無いのです。ちょっと自分が発している言葉を意識するだけで、自分がいつもどういう思考をしているのか？　自分の無意識が、「どういうことを思っているのか」ということがよくわかります。

まずは、無意識から発する口グセを意識して、ネガティブならば、それをやめるだけでも少しずつ変化が起こってきます。

いつまでも頑張らなくてはいけない理由

なぜ、そんなに頑張るのだろう？

いつまでも意味もなく、頑張ってしまう人がいます。その人のほとんどが、「認めてもらいたい！」と思って頑張っているのです。

このブロックは、「認めてもらえない私」です。

ご両親から認めてもらえなかった思いから、認めてもらうために頑張ってしまう。こういう場合は、頑張りに天井がありません。いつまでたっても、疲れるまで頑張ってしまいます。「親に認めてもらいたい」「誰かに認めてもらいたい」、そんな思いから自分を犠牲にしてまで頑張ってしまう。

それをやめるには、自分自身で、そのブロックの存在を一度認めることをしないと終わりがありません。自分を認めることが出来れば、この「いつまでも頑張らなければいけないこと」は終わります。頑張る理由も、誰かのためではなく、自分の為に頑張れるようになるのです。

嫌われたくないと思うと嫌われる

私たちはどこかで、「嫌われたくない」という気持ちがあります。それはあたり前のことですね。誰だって嫌われるより、好かれる方がやっぱり嬉しいですから。ただ「嫌われたくない」が、どんどんエスカレートしていくと、「嫌われたくない」がために、お友達や人の顔色をうかがうようになってしまいます。人の顔色をうかがって、自分の感情を押し殺して相手に合わせていく。どんどん都合のいい人になってしまうのです。

そうすると、少しずつ相手にされなくなっていき、嫌われるようになっていくのです。「自分は嫌われたくない」と強く思っていると、潜在意識の中では「私は嫌われる人」と認識してしまうのです。だから自分が望んでいるかのように、無意識に嫌われるように振舞う。これは過去に親子関係の問題やいじめの経験がある人に凄く多いです。

また、仲間外れにされてしまう。

また、ひとりぼっちになるんじゃないか？


という意識から、極度に「嫌われたくない」という思いが出てきてしまうのです。

そして、嫌われたくない思いが強く出ると、自分のことしか考えられなくなってしまいます。気持ちに余裕が無くなってしまうんですね。そうやって、どんどん人間関係がうまくいかずに悩んでしまうのです。

ここでちょっと相手の立場になるとわかるのですが、いつも自分に合わせられて、顔色をうかがわれていたらどういう気持ちになるでしょう？

そうなのです。正直、嫌ですよね。人は対等に話したいのです。

だから**嫌われたくないというより、「嫌われてもいいや」くらいの方が、本当は好かれるのです**。もちろん「嫌われてもいいくらいイヤな人」という意味ではないですよ。何かあっても自分の気持ちを伝えて、それでも「嫌われるなら嫌われてもいいや」と、思っている人は嫌われないのですね。
そのくらいのラクな気持ちでいる方が、人間関係はうまくいきます。

失敗をしてはいけないという思い込み

仕事をしている人も、起業している人も、恋愛でも、なんにでも言えることですが、何か新しいことを始めようとする時に、脳裏をよぎるのは、「失敗したらどうしよう」ということでしょう。

なぜ失敗してはいけないのでしょうか？　特に日本人の方が、「失敗したらいけない」と思う傾向があると昔聞いたことがあります。私たちは、学校で間違えれば怒られる、親にも怒られるという環境に育ち、「間違えたらいけないんだ！」という認識があります。だから失敗すると怒られるというブロックが邪魔して、前に進めない人が多いのです。特に仕事でも、新しいことを始めようとすると、「失敗が怖くて出来ない」という人が多いのですね。
「失敗は成功のもと」と言われるくらい、失敗から学び、失敗が成功に結びつくのに、なぜこんなに恐れるのでしょうか？　それは未だに、失敗したらお父さんやお母さん、または先生から怒られた記憶が、無意識に蘇ってきてしまうからなのですね。

小さい時に怒られたことは、もうそれは終わったことなのです。今は違うんだと認識出来れば、失敗も怖くありません。

クレクレ星人と与える人

クレクレ星人とは、自分の心が、「クレクレ」と思っている人のことを指すんです。

愛が欲しい

全部やって欲しい
私を変えて欲しい

自分の心がいつも満たされない状態で、誰かに満たされたいという思い、人から情報をもらいたいという思い、人からエネルギーを奪いたいという思い……に溢れています。

「自分には無い」と思っているので、人から奪おうとしてしまう。すべて無意識にやってしまうのです。例えるなら、底がないコップだと思えば良いのです。

いくら人から貰っても、
いくら人から与えられても、
いくら人から愛情をもらっても、

人から貰いたいと無意識で思っている間は、心が満たされることはありません。

底なしのコップですから、人から与えられてもコップが満たされることはなく、満足するどころか、いつも心が渇いている状態なのです。

だから、ずーっとクレクレになってしまうのです。

それをやめるには、そのコップに底を付けるしかありません。それは誰かが付けるわけではなく、自分で付けるしかないのです。その付けるという意味は、自分で自分を受け入れ、自分を愛さない限り、そのコップの底は付くことがないということです。自分で自分を満たすことで、はじめて心は満たされていきます。満たされると何が出来るかというと、そこで初めて人に与えることが出来るのです。人のために出来、人に愛を与え、人に与えることが出来る人になれるのです。

そんな人は自分でも満たされています。人に与えることで人に喜ばれ、人の幸せを喜ぶことが出来て、さらにもっと自分の心が満たされていくのですね。

自分を満たすためには、与える人になるのが一番なのです。

制限を付けた生き方

制限を付けた生き方、していませんか?　この「制限を付けた生き方」は、とても心を苦しくするブロックです。例えば、どういうことかというと、

ちゃんとしなければならない。
人にこう言わなければいけない。
料理をちゃんと作らないといけない。
掃除をしなければいけない。

たくさんありますが、「〜しなければいけない」という強迫観念で生きている人

を、「制限を付けた生き方」と呼んでいます。ご両親などから、とても厳しく育てられた人にも多いブロックです。

ちゃんとしなければ怒られる。
ちゃんとしなさいと言われてきた。
ちゃんとちゃんとちゃんと……。

自分に制限を付けて、それが出来ないと自分を追い込み、自分をダメだと思い始めます。こういう人はちょっとでも出来ないことがあるととても落ち込みます。ちゃんと出来ないといけない訳ですから。「まっ、いっか〜」という適当なことが許されず、自分の心を痛めつけてしまう。そしてストレスをためてしまい苦しくなります。

制限を付けるブロックは、いりません。

掃除が出来なくったって、今日出来なかったら明日やれば良いのです。

料理が出来なくったって、今日はスーパーのお惣菜でも良いのです。

「しなければいけないことなんてない！」くらいの気持ちで、過ごして欲しいですね。

不足感からくるセミナージプシー

自分の中に「不足感」というものがあると、心の中が満足せず、自分を満たすためにあらゆることをし始めます。

その中でも多いのが、セミナージプシーだったり、セッションジプシーなのです。

占いやスピリチュアルのセッションやセミナーだけではなく、ビジネスセミナーなど、それこそ際限なく通い続けます。

私は今、スピリチュアルの仕事をしていますが、過去、ビジネスの世界にもいたので、「どこの世界にもいるんだな」と思いました。セミナーやセッションを受けて満足し、その後は行動しないため、何も起きずに「これじゃあ、なかったんだ！」とばかりにまた違うものを受ける、という繰り返しの人や、受けた後、自分の心が不足しているために、その不足感から、「これじゃあ、足りない！」と何度も受けてしまう人、こんな人たちはジプシーになっていると言えます。

自分の中の不足感に気づければ良いのですが、大抵の場合は、「このセッションが悪い」、「このセミナーが悪いんじゃないか」と、何かのせいになっているので、繰り返し繰り返し何かを学び始めます。

これを解決するには、**「自分は、足りている」「私は、満たされている」という自分に気づかないと、お金がある限り続けてしまいます。**

満たされている自分があれば、どんなセッション、どんなセミナーでも身になっていきますので、いくら学んでも大丈夫なのです。満たされるとジプシーから脱出出来るようになるのですね。

親が許せない、憎いというブロックがあると起こること

仕事をしていると、「親が許せない！」という思いの人に、たびたびお会いします。

親が許せないと思っている人ほど、

「人生において幸せになっていない」

「幸せに気づけない」

という印象があります。


親が許せないというエネルギーは、普通のエネルギーよりもの凄く強いので

す。長年抱いているわけですから。そのエネルギーが、巡り巡って自分に返ってきて、なかなか幸せに気づけなかったり、幸せではない道に一生懸命進んでいきます。

では、親に対してどんな恨みがあるかというと、

「厳しすぎてヒドいことばかり言われた」

「私を愛してくれなかった」

「私を大切にしてくれなかった」

「好きなことをさせてくれなかった」

「親が自分勝手だった」

「認めてくれなかった」

「褒めてくれなかった」

など、たくさんの思いがあります。

本当は、とってもとっても愛されたかったんですよね。

「お母さんに、そしてお父さんに愛されたかった」

その思いが、恨みのエネルギーになってしまったのです。

まずはその「愛されたかった」という思いを、受け入れて下さいね。

そして、私がいつもお話してきたことは、そのお母さんも、お父さんも、あなたと同じように育てられたということなのです。同じように育てられたため、同じように育ててしまうのです。あなたのお母さんも、お父さんも、あなたと同じ思いをしていることが多いのですね。**あなたと同じように育ったということを理解してみたら、ちょっと親に対する見方が変わります。**

私は、小さい頃もの凄く厳しく育てられました。妹と歳が離れているため、一人っ子の時期が長かったのです。親の思いとしては、一人っ子だからこそ「ちゃんと育てなきゃ！」という思いがあり、厳しく育てたのです。

でも8歳違いの妹が生まれ、全く違う育て方だったのですね。とってもゆるく優しく甘く育てていました（笑）。

それが許せなくてね。

私には、「絶対ダメ！」ということが、妹には許されるのですから。

そしてある時、母に冗談まじりに言いました。

「何でこんなに育て方が違うわけ?!」と。

そうしたら、母から返ってきた言葉は、
「だって最初の子供で、育て方がわかんなかったんだもん」でした。

その言葉を聞いて、親も一生懸命でわからないことばかりで、大変だったんだな、と理解出来たのです。

その瞬間にね、全部許せたんですね。

あなたのご両親も、愛されなくて、認めてもらえなくて、褒めてもらえなかったのです。子供だからこそわからない、そんなさみしい思いを親も抱いているのですね。きっとね、あなたのご両親も、あなたにイヤなことをしたいわけではなく、わからなかっただけなんじゃないかなと思うのです。そんな気持ちが理解出来たら、親に対する恨む気持ちも少しずつ無くなっていくと思います。

あなたは愛されていると理解して欲しい。
愛されていなかったら、育っていないのですから。

働いてくれて、食事を作ってくれて、お弁当を作ってくれて、旅行に連れて行ってくれて、洋服を買ってくれて……、探せばまだまだいっぱい。子供のために多くのことをしている親がいるのです。してもらえなかったことに目を向けがちだけど、してもらえたことに目を向けると、

「愛されていた」ことに気づきます。

確かにヒドい親も世の中にはいます。許せないような親もいます。でもね、親を恨んでいる時間はもったいないと思ってください。それなら、自分を大事にして、自分を愛することに力を入れた方が人生は幸せになれます。

許せなくても良い。

親に対する恨む気持ち、憎いという気持ちが無くなっていくにしたがい、本当の幸せが近づいてきます。

リラックス効果が高い腹式呼吸法

イライラしている時、うまくいかない時、悲しい時、ネガティブになっている時は、どうしても呼吸が浅くなっています。

呼吸が浅くなっていると、体に酸素が行き渡らないため、余計に精神が不安定になってしまいます。

シンプルな呼吸法ですが、この腹式呼吸を行うと、酸素が体中に行き渡り、脳の活性、精神の安定、リラックス効果があるのです。

緊張している時にもオススメです。

1 腹式呼吸

腹式呼吸は、浅い呼吸や胸を膨らます呼吸ではなく、お腹を意識して行う深い呼吸です。女性は、特に胸で呼吸しがちなので、お腹まで意識して下さい。

胸式呼吸や口呼吸よりも多くの酸素を取り込むことが出来、体中に酸素がしっかりと運ばれ、脳も冴えるといいます。自律神経を整え、リラックス効果も高い呼吸法です。

まずは、息を口から吐いてから、鼻から吸っていきます。

吐く時は、ゆっくりと吐いていきます。

2 腹式呼吸をしながら、イメージしましょう。

丹田（おへその下辺り）にエネルギーが満たされていくところを、イメージしましょう。

エネルギーの呼吸は丹田でも行われています。

「いま・ここ」に共に存在することを意識し、同じ宇宙エネルギーの一部であることを感じましょう。

column

自分を好きになるワークです。

ゆっくり時間をかけてもいいので、過去を振り返りながら、自分の良い所、褒められたこと、出来たことを、紙にたくさん書いて下さい。たくさん、必ずあります。

自分が嫌だ、自分のことが好きではなくなった時に、この紙が役立ちます。自分の好きな部分をたくさん増やすと、自分のことを好きになれるんです。

願いを叶えるにも、引き寄せを起こすにも、大事なのは、「いつもどんな波動で、どんなエネルギーで、どんな気持ちか？」ということです。

ワクワクと楽しい気持ちになったり、幸せな気持ちでいることがとっても大事。

だけど、頭で楽しくしたり、ワクワクしたり、楽しんだり、幸せになろうと一生懸命やっても、それは表面上だけのことなので、何も叶えることは出来ません。

大事なのは、「心から思えている」ということ。

そうすると、願いも叶い、引き寄せも起こります。

第四章

ブロックの表れやすいシチュエーション

人間関係におけるブロック

人間関係の最大のブロックは？

人間関係は、どんな人も永遠のテーマかもしれません。

子供を見ても、おじいちゃんおばあちゃんを見ても、必ず人間関係の問題が出てきています。そんな中思うことは、人というものはきっと、全員と仲良くなること、全員の人から好かれることは不可能だということです。私たちには、自分と波長が合う人、自分に見合った人がやってくるのです。ですから全員と仲良くすることは難しいのです。

それでも、人間関係の最大のブロックは、「嫌われたくない」なのです。

誰もが、嫌われたくないのです。

なるべくなら、みんなから好かれたい。

嫌われることを恐れるので、人に合わせたり、いい人でいようとしたり、人の目が気になったり、人の評価が欲しくなるのです。**人の評価が気になり、人の目が気になる人は、「自分の基準」で生きているわけではなく、「相手の基準」で生きている**のです。だから、「我慢する」というブロックが併せて入っていることが多いですね。

いつも仲良くしていても、仲良くすればするほど人が嫌になる人がいます。その一つの原因として、仲良くすれば仲良くするほど、自分のことがどんどん知られるようになっていき、いつか私を嫌いになってしまう、いつか私から去ってしまうという恐れを抱き、先に嫌になってしまうのです。これは、「自分を出したら嫌われる」という思い込みが強いタイプです。

そして、「私、人見知りなんです」というご相談も多いのですが、人間、95％以上はみんな人見知りです。安心して下さい。みんな人間関係に自信が無く嫌われたくなくて……でもうまくいきたいのです。

自分の恐れているブロックをしっかり取れば、もっと幸せに自由に人間関係を構築出来ます。そして人間関係は、良い距離を保ちつつ、自分の好きな人とだけ付き合えば良いのです。自分と合わない人、自分を嫌いな人に、わざわざ合わせて付き合うことはありません。

そして、友達の数が多ければ良いわけでもありません。
自分が心地良く、自分のことを大切にしてくれる人間関係だけを作って下さい。

人が嫌い、人を許せない時

人が嫌いな時、人を許せない時は誰にでもあります。それは自分が嫌いで自分を許せないから、出てきてしまうことなのです。

私は過去に、たくさんの人脈を育成する仕事をしていました。ある日会合で、人に対する気持ちがいつもと違うことに気づいたのです。それは、みんなが嫌いというより、みんなが何だか嫌という気持ちでした。でもよく考えてみると、私の周りの人は何も変わっていません。なのになぜ私の気持ちがこんなに変わるのかが、不思議だったのです。

ずっと人を見ながらわかったのは、人を好きな時は、私自身が「私」を好きで信頼出来る時だということ。「人が嫌！」という時は、私が嫌で、私が許せなくて、私を信頼出来ない時でした。

人を嫌い、人を許せないという時は、自分を嫌だと思う気持ちが反映されているのです。人を許せない時も、自分の中に許せないものが必ずあります。そんな時は、自分を一番に可愛がってあげることです。

自分を好きになれるように自分に優しくしてあげて、自分が幸せになれるように自分をいたわってあげると、自然と人が好きになれて、人を許してあげることが出来ます。

自分を好きになると、周りのみんなも好きになる。
自分を許してあげると、周りのみんなも許せる。

たくさん自分を好きで、自分を許して、自分を大事にしてあげることが、一番早く解決出来る道なのです。

仕事でいつも怒られてしまう

よく見られる光景なのですが、怒られることを極度に恐れている人、いつも怒られてしまう人、という人がいます。
「怒られる私」と思い込んでいる人は、無意識に怒られるようにしている光景を目にします。「私は、どうせ怒られるんでしょ」と思っているので、出来る所で出来ないように無意識にしていたり、わざわざ怒る人の所に行って、怒られるようにしてしまうのです。まるで望んでいるかのように。

仕事でいつも怒られている人はこれがとても多いです。そして案の定、怒られるので、「私は怒られる人」「私は怒られるくらいダメな人」と確認作業を行っていき、どんどん生きづらくしていくのです。無意識にやっているので自分ではなかなか気づきません。

ポジティブな思い込みならポジティブなことが起こるので良いのですが、ネガティブな思い込みで、「私ってこういう人」と思っている所があるなら、要注意。

自分がそういう自分を演じ、確認作業を行っているかもしれません。これは、子供の時にいつも怒られていた人に多く、「私は怒られる人」と子供の時に決めているからなのです。怒られる自分を演じ、確認作業をしながら、自分の中の「怒られる私」を強化している訳です。

イライラが止まらないとヒドいことを言ってしまう

旦那さまや、彼、そして子供にイライラが止まらなくて、ヒドいことを言ってしまう人がいます。このイライラが止まらないという人は、女性の方が多いかなと思います。イライラする気持ちが止まらなくて押さえきれない時は、昔に出来た「癒されていない」感情が出てきてしまっているのです。

潜在意識レベルでは、まだ癒されていないのに、私たちの意識では気づかない。
でもどこか苦しい。
でもわからない。

そんな気持ちが交錯しながら湧き出てくるんですね。

イライラする時って、旦那さまや彼に対して、「どうしてわかってくれないの？」、子供に対しては、「どうしてわからないの？」……こんな気持ちになる時に出てきやすいのです。

それは**子供の時に出来た、お母さんやお父さんたちに感じた思いや、伝えられなかった思いが出てきている**のです。

「さみしい私」
「わかって欲しい私」
「もっと愛されたかった私」
「もっと抱きしめて欲しかった私」
「もっとそばにいて欲しかった私」

という感情が、旦那さまや彼、子供を通して表れてきてしまうのです。

そんな時は、旦那さまや彼に当たっても、子供にイライラしても、ヒドいことを言っても、気持ちはおさまらないんですね。自分の中にある癒されていない気持ちが溢れ出ているだけですから。

こういう時は、自分の心と向き合う時なのです。
なぜ、こんな感情が出てきているのか？

その感情の原因の正体がわかると、この感情はどんどん癒されていき、旦那さまや彼、そして子供に対しても、穏やかな気持ちでいられるようになります。ただし、旦那さまのせい、子供のせいと思っていると、このイライラはずっと続くことになります。問題は自分の中にあると気づけると、イライラはおさまるのです。

自分さえ我慢すれば幸せになれるという思い込み

我慢すれば、幸せになれると思っていませんか？

旦那さまに我慢
彼に我慢
子供に我慢
親に我慢

「私」を犠牲にして、「私」さえ我慢していれば幸せが手に入る、と思っている人がたくさんいらっしゃいます。こういう人は、小さい時から我慢を覚え、いい子にしていたら幸せになれると思い込んでしまったのです。

例えば、ご兄弟が生まれた時に、本当はとっても愛して欲しかったのに、私だけを見て欲しかったのに、妹や弟が生まれ、お母さんが独り占め出来なくなった。そういう時に我慢を覚えてしまうことがあります。

いつも親から、親の言う通りにしなさい！　と言われて、自分の好きなことが出来ずに我慢したら、「良い子だね」と褒められ、我慢さえすれば良い子なんだと、それ以来、我慢を覚えてしまったり、また「自分は必要ないんだ」と思い込んで、自分を犠牲にしてまで人に尽くしてしまう、という我慢をする人もいます。知らず知らずのうちに我慢を覚えて無意識に習慣づいてしまっているのです。

そうすると、我慢する出来事がたくさん起きてきます。

「私が我慢しなければ愛されない」というブロックが入っているので、我慢しなければいけないように、自分から仕向けて、辛い状況を作り出していくのです。

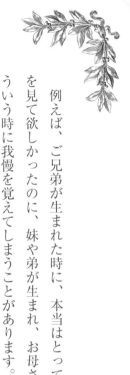

我慢している人は、本当の幸せが手に入りません。
だって、私の「人生は我慢すること」なんですもの。

不登校のお子さんがいるお母さんにお会いすると、共通して、「我慢しているお母さん」が多いということに気づきます。お母さんが楽しんで、本当に幸せにしていると、お子さんが不登校をやめることが多いのです。まずは、**あなた自身が我慢を手放すことなのです**。

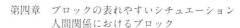

心の浄化を促す瞑想とグラウンディングワーク

スピリチュアルには、**グラウンディング**という地に足をしっかり付け、自然の持つ力を活用しながらイメージする瞑想方法があります。

これが、最良の心の浄化作用を及ぼしてくれるのです。

内なる存在との対話がスムーズになり、自己が望むものと潜在意識の答えを近づけていくことが出来る瞑想ですので、毎日行うことをおススメします。

1 背筋を伸ばして椅子に座ります

両足の裏を床につけ、両手は上に向けて太ももの上に置きます。

2 目を閉じ、深く呼吸をしながら身体の緊張をゆるめていきます

呼吸方法は、口から吐いてから鼻から吸うかたちです。

これを、3回くらい繰り返して下さい。

息を吸う時は、エネルギーを体に満たしていくイメージを持ち、吐く時は、いらないものを全部吐きだしていく気持ちで行います。

3 尾てい骨と足の裏から、木の根が張るイメージ、または光のロープを降ろすイメージを思い描き、どんどんその木の根、または光のロープを地に伸ばし、そこから地球の中心に向かって、さらに伸ばしていく

感覚をイメージして下さい

床を超えて、地面を超えて、どんどん超えて、地球の中心まで伸びていきます。

これを、グラウンディング・コードと言います。

4 地球の中心にグラウンディング・コードが届いたら、地球の中心にしっかり結ぶイメージをします

結べたなと思えれば、大丈夫です。

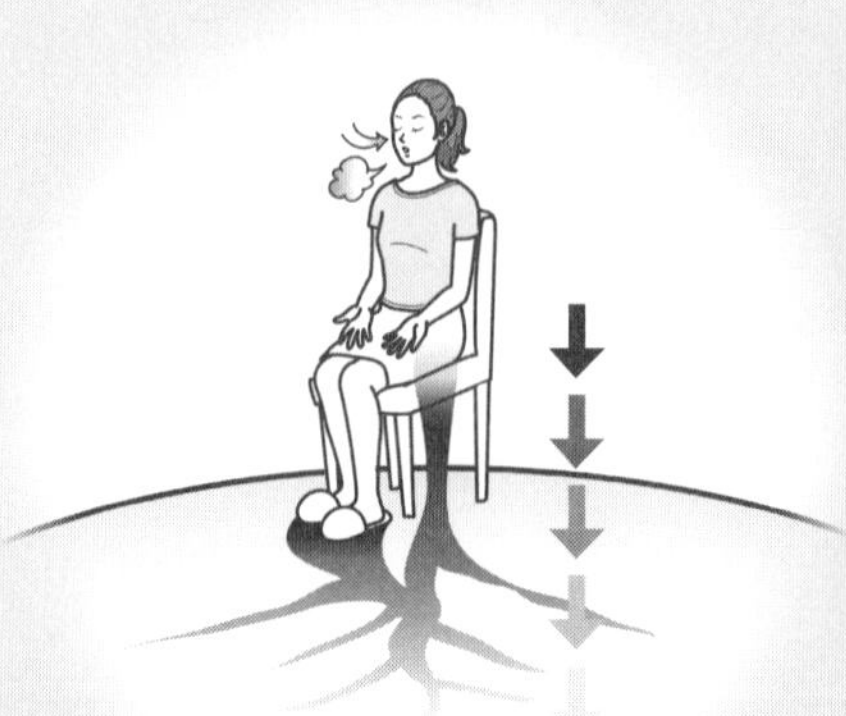

5

次に自分の内側にある、もう必要の無い感情、どうしても許せなかった出来事、腹立たしい怒り、不安で前に進めない気持ち、忘れられない悲しい感情などのネガティブなエネルギーをグラウンディング・コードに流し、地球の中心まで流して下さい

自分のいらないものをどんどん流していくイメージです。

6

ネガティブな波動は、地球の中心でリサイクルされ、浄化されたエネルギーとなって地球に還っていくイメージをします

7

そして、地球の中心から湧き上がるマグマのエネルギーを、グラウンディング・コードを通し、全身に流すようにイメージします

このマグマのエネルギーを入れていくと、自分の体や心がどんどんパワフルになっていくことが感じられるでしょう。

8 5 6 7を繰り返し行うことで、気持ちがスッキリしたら終了します

9 ゆっくりと意識を戻し、目を開けて下さい

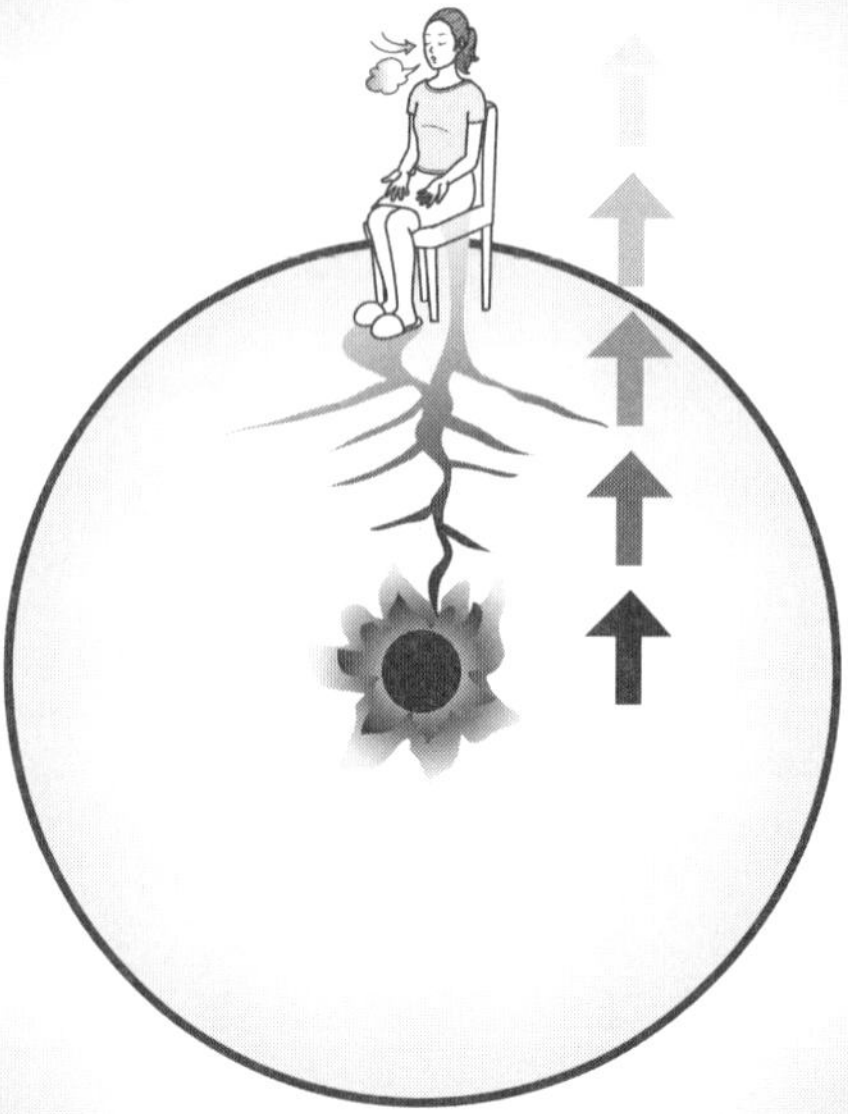

第五章

ブロックの表れやすいシチュエーション

恋愛におけるブロック

恋愛では、ブロックが顔を出しやすい

恋愛は面白いくらいに、育ってきた環境が左右し、その中で出来た心のブロックが邪魔する所でもあると思います。ですのでこの章では恋愛のケースからブロックについて見ていきます。直接、今、恋愛に興味のない人でも「ブロックを知る」という目的で読み進めて頂けると理解が深まると思います。

恋愛は、人生の中でも特に楽しいものであり、愛されたいし、恋していたいし、「うまくいきたい！」と誰もが思う所。もちろん恋愛だけではありません。恋愛の延長には、結婚があり夫婦生活もあるのです。恋愛よりも、夫婦生活の方が、はるかに育ってきた環境やブロックが出てきやすいと思っています。

やはり恋愛は、相手があっての問題で自分一人ではありません。そこで出てきやすいのがブロックです。自分の奥底に眠っていたブロックが、ひょいと顔を出してくるのです。

彼に合わせてしまう女性

恋愛で一番多く出てきやすい女性の心の問題は、「私には価値がない」「私は愛されない」というもの。多くの女性は、恋愛をすると自信が無い自分が出てきます。「私には価値がない」から「彼に捨てられたらどうしよう」という、不安がどんどん膨らんでしまう。そうすると、女性はどんどん彼を追いかけたくなり、彼は恋愛が重くなる、という悪循環が起こってきます。

恋愛の例えで、うまく言うなぁと思う言葉に、「追うと逃げる、逃げれば追ってくる」というのがあります。まさに、恋愛がうまくいかない女性はこれをやっているのです。

「私には価値がない」という女性の根本にあるブロックはさまざまです。

親から愛された記憶がない
いつもひどいことを親から言われていた
親にいつもダメだと言われ育てられた
親から認めてもらえなかった
両親が働いていて、いつも一人だった

など、たくさんありますが、やはり幼少期のご両親との関わりで出てきます。どんなに素晴らしい親でも完璧な親なんていませんから、誰もがブロックが潜在意識に刻み込まれています。心の奥に刻み込まれたブロックは、恋愛の時にニョキニョキ出てくるのですね。

「私は価値がない」と思っているということは、イコール「愛されるに値しない私」

と思っているのです。だから、愛されないように愛されないように、一生懸命頑張ってしまうのですね。自分には価値がないのですから、自分を大切にせず、彼中心に物事を考えてしまうので、そういう女性はどんどん自分が無くなっていき、彼に合わせた生活を送ってしまいます。こういう場合の恋愛は、特に自分を大切にしなければいけません。女性には恋愛したら、もっともっと自分を大切にして欲しいのです。

「私を大切にしてくれない男は、こっちから願い下げ」くらいの気持ちを持って、自分という存在を大切にして下さい。自分をたくさん愛して、たくさん大事にしていくと、彼からもたくさん愛されるようになるのです。

結婚したいけど、無意識では結婚したくないというブロック

結婚はしなくてはいけないものではないし、結婚がゴールではありません。
結婚したいけどなかなか出来ません、という人の多くが持っているブロックの例があります。「結婚をしたい！」と思っている女性は多いのですが、実際、心の奥深くの潜在意識では結婚を望んでいない人が多いのです。もちろん無意識ですので気づかない場合が多いです。

結婚したいけどなかなか出来ない、と言う女性に会うと、「本当に結婚を望んでいるの？」と思ってしまうような場合もあります。そういう人が、結婚に対してどういうイメージがあるのかというと、

結婚は縛られて自由がない。

お金も自由に使えない。
姑問題がある。
子供の世話で忙しくなる。
一生家事をしなくてはならない。
などです。

こういうブロックがあるので、自分で「結婚をしたくない」と避けている状態です。ブロックがある限り、結婚したいけど結婚は出来ない、という現実が待っています。そして、「結婚したら不幸になる」という思い込みのブロックも多く見られます。

結婚したら思い描いていた結婚とは違った。
結婚したら夫がどんどん嫌になった。
そんな他人の結婚生活を聞くことも多いかもしれません。

結婚前の女性は、こういうお話を周りから、そしてたくさんの情報から聞いていています。自分の意志をしっかり持たなければ、自分の潜在意識に「結婚したら不幸になる」とどんどん刷り込まれてしまいます。世の中の女性で、結婚生活がうまくいかない人は、このうまくいかない結婚生活を聞いて「刷り込まれ」、そういうものだと「思い込み」、うまくいかない結婚生活を演じている人も多いのではないかと思っています。「結婚って、本当に幸せ」って言っている人が、圧倒的に少ないような気がしますから――。

だから、結婚したら夫が嫌になって、夫と会話が少なくなって、もしくはケンカばかりして、毎日イライラして、それでも子供がいるから離婚出来なくて……、こんな風に「結婚は不幸になるものだ」と思い込んでいる人も、少なからずいらっしゃいます。

自分の思った通りに潜在意識は認識していますから、うまくいかない結婚生活を送っている人は「今の結婚生活を望んでいた」ということになるのです。

そういう場合は、自分が持っているブロックを疑ったらいいかもしれません。結婚をどういう風に思っているか、しっかりと心を見つめてみるとわかると思います。そして、幸せな結婚生活を送っている人の話をたくさん聞いたり、見たりすることで「結婚は幸せなんだ」と認識して欲しいと思います。

そうすれば、幸せな結婚をすることが出来るのです。

いつも不倫、浮気という、同じような恋愛を繰り返してしまう

いつも同じ恋愛を繰り返してしまう人は、ブロックから来ている問題がほとんどです。いつも不倫・浮気される、いつもダメ男、いつもＤＶの男性、いつもいつも

同じ恋愛を繰り返してしまう人。

では、不倫ばかりの恋愛を繰り返してしまう人の原因を、一例としてお話ししましょう。

結婚したいのに、なぜか不倫ばかりしてしまうという人がいらっしゃいます。それも毎回、不倫になってしまうという人。例えば、私は結婚したい、でもどうしても不倫の相手を選んでしまう。根本的な原因を視ていくと、やはり幼少期のご両親の問題がある人が多いのです。ご両親の仲が悪くて本当に最悪だったと。

それを見ている子供は、
「結婚したら不幸になる」と決めてしまうのです。

それが心の奥の潜在意識にまで刷り込まれ、結婚したら不幸になると無意識に行動するようになるのです。不幸にはなりたくないですから、無意識に「結婚出来ない相手」「結婚しなくてもいい相手」を選んでいくのですね。

この例をお話して、何人もの方に、「私もそうです」と言われました。

頭では「結婚したい！」、でも潜在意識では「結婚したら不幸になる！」と思っていますから、**頭の中で考えていることと、心の奥で思っている違いが出てきて、それが、なんだかモヤモヤする気持ちになっていく**のです。

その他にも、よくあるのが、兄弟がいる人。兄弟がいて、どう見ても自分より妹や弟、もしくは自分より姉や兄が可愛がられているように見えたという人。

これもね、意外と勘違いが多いのです。

可愛がられなかった、と思い込んでいる人の兄弟に聞いてみると、その兄弟の方も自分の方が可愛がられなかった、と思っている場合も多いからです。でも小さい時に思い込んだものは、心の奥まで刻み込まれブロックになるのです。

私は、大事にされない。
私は一番に愛されない。

一番に愛されませんから、一番を選ばなくなるのです。そうなると、一番を選んでもらえない相手を無意識に選ぶことになります。だから、恋愛では不倫という恋愛を選びやすくなるのですね。

もし、一番に愛されたければ、「私は、一番に愛されるべき人」と決めなければいけません。それが、潜在意識まで刷り込まれれば、一番に愛されるようになっていくのです。

そして、いつも彼や夫に浮気されてしまう、というブロック。新しい彼になっても浮気されてしまう。これは、とてもとても多いご相談だったりします。私も20代の頃、この経験があるからこそわかるのですね。

浮気という問題は、「男性の性《さが》だからでしょ」という人もいらっしゃいますが、確かにそれも一理あります。でも、浮気しない男性もたくさんいらっしゃるんですよ。だからこそ、ここは大事だなと思います。

浮気してしまう男性は、もちろん男性にもブロックがあるのですね。「浮気するくらい男性としての自信がない」ということ。

他の女性からもモテることにより、男性としての自信を付けようとしていたり、男としての性を確かめようとしています。男としての自信が無いから浮気してしまうのです。では、女性はというと、浮気する男性と同じで自信が無いのです。

お互いの波長が合っているのですね。

私は愛されない。

私なんてどうせ……。
私は愛される価値がない。
もの凄くコンプレックスを感じている。

などのブロックにより、愛されないように自ら演じてしまい、浮気されてしまうのです。頭では思っていなくても潜在意識では思っています。男性も同じで、自信が無いから浮気をする。女性は、自信が無い女性ほど浮気されてしまう。「どうせ私なんか……」って、彼や旦那さまの前で演じているのです。そうやって会話し、浮気されるように、自らアピールしているのですね。だから、彼や旦那さまは、「浮気しなくてはいけないんだ！」と潜在意識に刷り込まれ、女性の望んだ通りになっていくのです。

だから、浮気されてしまう女性に言いたいのです。
「もっと自分に自信を持ってね」、と。

あなたが素敵だから、彼はあなたと付き合ったわけだし、あなたが素敵だから結婚したのです。でも自分に自信が無いから、彼や旦那さまに、その自信の無さをアピールするかのように、イライラしたり、文句言ったり、自分だけを見て欲しいから、ケンカをしてしまったりしていませんか？

女性も、自分に少しでも自信が付くと浮気されなくなります。不思議なのですが、無意識レベルで、「愛されている」と思っていると、男性は浮気出来なくなるんですよね。

ダメ男を好きになってしまうのは、「認めてもらえない私」というブロックが入っている人が多いです。**何度も同じことを繰り返す場合は、ブロックを疑って下さい**。そこが取れると、現実が思いっきり変わりますから。

自分を愛してくれる男性に出会うには

自分のことをわかってくれて、大切にしてくれて、心から愛してくれる人を見つけたかったら、

「自分のことをとっても好きでいる」ことが、とても大切になってきます。

私たちには、波動というエネルギーが流れています。自分のことを嫌いで、自分は人と比べてダメだと思っていると、「大切にしてくれない」「愛してくれない人に出会う」のです。そして、そういう相手を無意識に探してしまうのですね。

「自分のことをとっても好きでいる」ことは、そういう波動のエネルギーが流れて、同じエネルギーと波長が合います。そうすると、とても大切にされて愛されて、自分のことをわかってくれる人に出会うのですね。

「彼が欲しい！」と願っている人は、まずはやることがあります。それはね、恋愛がうまくいっている人と付き合うこと。彼が欲しいと思っている人って、シングルの人と一緒にいることが多いのです。「類は友を呼ぶ」というのは、まさしく！なのです。そうすると、シングルのエネルギーになっていき、彼がなかなか出来づらくなっていきます。でも、恋愛がうまくいく人って、うまくいっている人と自然と付き合っています。恋愛のエネルギーをたくさん頂いていて、うまくいくようになっているんですね。結婚したい人は、結婚がうまくいっている人と付き合われるといいと思います。

恋愛と結婚のエネルギーは違います。そうやって、うまくいっている人のエネルギーを浴びていると、自分もうまく出来るようになっていきます。

夫婦の関係がうまくいくコツ

夫婦というのは、どんな人でも「一体」なのです。

どんなに価値が合わなくても、どんなに考え方が違っても、お互いの波長が合ったから結婚したと思うのです。だから、旦那さまの悪口を言うのは、自分の悪口を言うことと同じだと思っています。そして、その悪口を隠れて誰かに言っても、その波動は旦那さまにも伝わり、やがて自分に返ってきて、夫婦の仲も家庭の仲もどんどん悪くなっていきます。

これがエネルギーという波動なのですね。

そこで、どうやったら夫婦が仲良く出来るのか？　ですが、私は家で「結婚してとっても幸せだな」と言うだけで、夫婦関係ってうまくいくと思います。いつも文句ばかりで、「結婚して幸せじゃない」と言われたら、旦那さまは男として、夫として自信を失くします。自信を失くした旦那さまは、その言葉通り、奥さまに「幸せではないこと」をたくさん仕掛けてくれるのです。浮気をしたり、借金をしたり、家に帰ってこなくなったり、口をきいてくれなくなったり、大事にしてくれないようになっていきます。

言葉に出さなくても、「結婚して不幸」と思っていたら、旦那さまは不幸にしてくれるのですね。

例えば逆に、旦那さまから「結婚して不幸だ」と言われたら、妻として女性として、もの凄く悲しいですよね。それを、女性は男性に言っている人が多いのです。まずはそれをやめること。

逆に、「結婚してとっても幸せだ」と旦那さまに言われたら嬉しいですよね。「結婚して、本当に幸せ」と心から思えば、そして口に出して言えば言うほど、結婚生活はどんどん幸せになっていくのです。旦那さまは、もっと幸せにしようと、仕事で頑張ったり、プレゼントしてくれたり、大事に扱ってくれるようになります。

お互いに感謝をすること。お互いに尊重、尊敬が出来れば、ずっと幸せな夫婦関係が築けます。夫婦は一体なのですから。

嫌な思い、癒されていない思いを浄化する方法

グラウンディングワークをやった後に行うと、効果が倍増します。

私なんて愛されない
私は愛されなかった
私なんてどうせ
私なんて認めてもらえない
親が許せない気持ち
ムカつく気持ち
嫌なことを言われる
イライラする

など、**癒されていない思いが出てきたら、心がスッキリする浄化方法があります**。自分のブロックの浄化方法ですから、ぜひ行って下さい。

最初に、暫くの間、全身に黄金のエネルギーが流れていることを感じます。目を閉じてゆっくり深呼吸をして、行っていきます。

1 川をイメージして、辛い思い、悲しい思いを、思いっきり川にどんどん投げ入れ、流していきます

辛い思い、悲しい思いを握りしめて、川に投げ入れていくイメージでも良いです。

そして、その嫌な気持ちをどんどん手放していきます。

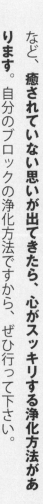

2

風船をイメージして、風船の中に嫌な思いを入れていき、どんどん空に、そして宇宙に飛ばしていくイメージをしていきます

その風船を飛ばすだけでも構いませんが、風船を思いっきりバン！と割っていくイメージも効果的です。

3

鍵付きの箱をイメージして用意します
その中に嫌な思い、まだ癒されていない思いを入れていき、箱の中に閉じ込めていきます

いっぱい入れていったら、鍵を閉めて、その箱を光らせて浄化していきます。気持ちがスッキリするまで続けましょう。

4

1、**2**、**3**のどれでもいいですから、自分のやりやすい方法で、嫌な思い、癒されていない思いなどの浄化を行い、時間を気にせず気のすむまで続けます。

5 気持ちがスッキリしたら、意識をゆっくり戻して目を開けて下さい

毎日続けることで、嫌な気持ちはどんどん無くなっていきます。

このワークの間、解決策がインスピレーションで伝わってくることがありますので、そのメッセージが降りてきたら、メモを取り、それを実行してみて下さい。

第六章

ブロックの表れやすいシチュエーション

お金に対するブロック

ブロックは「お金」にも、表れる

「お金なんて……」
「私はそんなにお金はいらない……」

そんな人ほど、強くお金を欲しいと思っている傾向にあります。実は、こういう人たちってわかりやすいんです。本当は欲しいと思っているのに、心の奥底の潜在意識の中で、

お金は悪。
お金は汚い。
お金のことを言うとみっともない。
お金を持ったら人間が変わってしまう。
お金を稼ぐことは、人をだまさなければいけない。

と、思っているのですね。お金自体は汚くもないしただの紙切れです。そのお金に対して思ってしまう気持ちや感情は、その人が映し出す心の表れ。ところが「欲しい！」という行動をとるのに、言動が違うという人をたくさん見てきました。潜在意識にすっぽり、〝お金は悪〟というブロックが入っているのは、小さいころにお金は汚いものと言われて育ち、それが当たり前の感情になっている証拠です。お金を持つと悪い人になると、自然と潜在意識にインプットされていることも多いです。もし、「お金は悪」「お金は汚い！」と潜在意識に入っていたら、お金は残念ながら入ってきません。

ビジネスをされている人だったら、

お金の設定を低くする。
お金をもらうのが申し訳ない。

いつも無料でサービスしてしまう。
サービスをたくさんつけてしまう。

ビジネスでうまくいっている方でも、

将来が不安。
いつこの売り上げが下がるんだろう。
お金が回らなくなったらどうしよう。
失敗したらどうしよう。

サラリーマンの人や、ＯＬさんでも、

老後は大丈夫なのだろうか。
クビになったらどうしよう。

ボーナスが無くなったらどうしよう。
お給料が下がったらどうしよう。
会社が倒産したらどうしよう。

主婦の方でも、

子供の学費が心配。
旦那が会社をクビになったらどうしよう。
出費がかさんだらどうしよう。
離婚になったらどうしよう。

もうあげたらキリがありません。
これは全部お金のブロックなのです。意外と思われるかもしれませんが、お金のブロックから生まれる意識って多いのですね。だから、頑張っても頑張ってもお金は入ってこないのです。

お金のブロックは何十層にもからみあっている

お金に対して、「お金は悪」だとか、「お金を稼ぐのは悪い人」というのは、わかりやすいブロックです。そのお金に対するイメージを理解すれば、お金のブロックは外れやすくなります。

ただ、お金のブロックは、それだけではないということ。

「私は愛されない」「私は出来ない人」というブロックがあると、残念ながらお金も入ってきません。私は愛されないと思っていますから、愛されない私には、「そんなお金なんて、入ってくるに値しない」と思っています。だから入らなくなってしまうのです。

「私は出来ない人」と思っている人はチャンスがきても、出来る力が無いと勝手に思っているので、自らチャンスを逃してしまうのですね。

こうやってお金のブロックは、わかりやすいブロックだけではなく、自分自身に対するブロックが強ければ強いほど、複雑に影響し合いお金は入りません。このように、何十層にもからみあっているため、お金のブロックは時としてなかなか外れにくいのです。

お金のブロックが出来たワケ

ちょっと私の体験を書かせて頂きますね。

父からは聞いたことが無いのですが、母はお金のブロックが強く、私にいつも言っていた言葉は「うちにはお金が無いの」でした。私の人生は、この言葉のおかげで、ずいぶんと振り回されたように思います。そして、そのおかげで今の私がいます。

小学校は、東京の世田谷に住んでいたのですが、クラスの子の多くはお金持ちでした。あまり気にしないで過ごしていましたが、一度だけとてもみじめな気持ちになった出来事があったのですね。

お金持ちの子のお誕生日にいった時。

自分の持っていったプレゼントが、なんともみすぼらしくて、子供心に傷ついたのです。うちにはお金が無いというから、ちゃんとしたプレゼントが買えないのだと思ったのです。

この出来事はね、今でも思い出されるくらいのみじめな出来事でした。完全にトラウマですよね（笑）。

でも、中学校くらいになると、なんだか変なことに気づいたのです。うちの両親、実はたまに海外旅行に行っていたのです。私自身、お小遣いもそこそこもらっていたことに気づきました。

うちは、普通の家庭なのかもしれないと――。

私は、貧乏だと思っていたのですが、もしかしたら普通の家庭なのかもしれないということに、どんどん気づいていきました。

ここからがとても大事なことです。

子供の時に言い聞かされた言葉は、潜在意識に刻み込まれて、私の心の奥に深く深く「お金が無い」と刻み込まれたのです。ですから、中学生からだんだん気づいていった「普通の家庭なんだな」という意識があっても、潜在意識に刻み込まれた、「うちにはお金が無い」という意識は、そう簡単には消えないということに、この仕事をするまで気づかずにいました。だから私は、お金に関してはいつも不安を抱えていました。「お金が無くなったら、どうしよう」と。

私は何かあれば、家のお金は無くなると思っていましたから、両親にお金を借りたことはないですし、すべて自分で稼がなければいけない‼ という気持ちで、人生を送っていたのです。高校生から始めたバイトでもずいぶん稼ぎました。すべては、母からの「うちにはお金が無い」から生まれた、お金のブロックでした。


きっと、こういう人は多いのかなとも思うのです。

私の親世代は、戦後を生き抜いているので、お金が無いと口癖になっている人が多いのだと思います、そこから、私のようにお金のブロックが出来ている人も多いのですね。

恋愛のブロックとお金のブロック

恋愛（夫婦も含め）と、お金のブロックを外したいという人はとても多いのです。

その中で私が実際外してみると、どういう結果があるかというと、

恋愛のブロックは、外れやすい。
だけど戻りやすいのです。

恋愛は、どうしても相手がいることなので執着心が出てきてしまって、また同じ問題を抱え、執着して戻る人がいます。

お金のブロックは二つに分かれることが多いのです。「お金は悪いもの」というようなわかりやすいブロックは、基本的に外れやすいです。でも、お金のブロックは何十層にもからみあっているので、お金のブロックの根源となっている、「自分の価値の低さ」のブロックがとても強い場合は、真の意味でお金のブロックを外すためには時間がかかります。

そして、お金は毎日の生活がかかっていたりと、不安要素がとても強いため、完全に取るまでにはとても時間がかかる人が多いのです。

もちろん、一回だけで夫婦関係が良くなる人、起業されている人がブロックを外すことで、売上げが上がるケースもたくさん見てきました。**ブロックが外れて、すぐに効果が表れる人は「素直な人」**――こんな人は、圧倒的に早く効果が表れて、ビックリされる人が多いのです。

捨てられないという人もお金のブロックが潜んでいる

「捨てられない人、実はこんなにも多いのね」と、この仕事をして初めて知りました。だから世の中、断捨離という本が流行り、物を捨てる番組が流行るのですね。

私も捨てられない人でした。
断捨離の本を買っては読んで満足し、捨てることが大の苦手でした。そんな私も、捨てられない人たちを見ながら、「なぜ、捨てられないの？」ということを研究してきました。そうするとわかるのは、**捨てられない人の大半は、「将来の不安」「過去への執着心」がほとんど**でした。

いつか使うんじゃないか？
お金が無くなったら大変だからとっておこう。
何かが起こったら困るから。
いつもたくさんの予備がないと不安。

など、将来の不安という、お金のブロックが潜んでいるのです。

もったいない。

物を大事にしなさい。
困っている人がいるのに捨てるなんて。
思い出を捨てるみたいで嫌。

などの、過去に対する執着心があるのです。だから、物がどんどん増えてしまうんですよね。

私が自分で一番最初にブロックを外したテーマは、「捨てられない」でした。でも今は、その「捨てられない」が、将来からの不安から来ているんだという認識も出来たおかげで、物が捨てられるようになりました。**「捨てられないという将来の不安と、過去への執着心のブロック」を取ると、どんどん捨てられるようになる**のです。

お金のブロックが外れたら起こること

「お金のブロックを外したい！」という思いの人は、たくさんいらっしゃいます。もちろん私もその一人です。でも、自分で外すことが出来るようになり、だいぶお金のブロックの状態も変わってきたと思います。

その中で、「外れた！」という瞬間があるのです。仕事をしていると、お金というものが必ず発生してきます。そしてお金が入ってくる度に、「嬉しいな」と喜んでいました。でもお金のブロックが外れた頃、この「嬉しい！」という気持ちが全く無くなっていきました。もちろん、「ありがたい」という感謝はあります。でも、「嬉しい」という気持ちが湧かないことに気づいたのです。

どんな気持ちかというと、「お金は入ってくるのがあたり前」という不思議な感覚になっていったのです。**これが「ブロックが取れてきたんだ！」という瞬間でした。**

例えて言うと、

あなたは、毎日蛇口から水が出ることに、「嬉しい！」と思えますか？

蛇口から水が出ることが当たり前と知っているのに、毎日嬉しいなと思いながら蛇口をひねる人はいませんよね。よっぽど生活に困らない限り、水が出てくるのが当然。

これと同じなのです。

だから、当たり前と思っているものに人は嬉しいと思わないのですね。無意識に、水が出るのは当たり前だと思っているのです。逆に、水が出てこない方が腹が立ちますよね？　でも、上水がないアフリカで、どこでも蛇口をひねれば水が出てくるようになったら、嬉しい気持ちになるはずです。

「水は無い」という前提だからこそ、水が出てくることに、嬉しい気持ちになり、喜べるのです。だから、**お金が入ってくるのがあたり前という無意識になれば、お金はどんどん入ってくるようになるのです。**そこまで、お金のブロックが取れるようになると、お金は自然に集まります。

ただし、どんな時でも感謝の心は、忘れてはいけないと思います。

お金が貯まるようになる方法

多くの人が、「お金が貯まらない」という問題を抱えています。

その理由はさまざまですが、共通する多くが、「何にお金を使ったかわからない」という人が多いこと。「お金を使ったかわからない」けどお金が無いのです。もう、無意識にお金をどんどん使っているのですね。そういう人を見ていると、お金が入れば入るほど、「自分は、お金が入る価値はない！」という無意識のブロックが働き、お金が無くなるように使ってしまっているように見えます。あればあるだけ、自分の価値に合うように、どんどん使っていって、「お金がない」自分にしてしまうのです。

宝くじに当たった人で、お金が無くなる人は、まさしくこのように使ってしまっていますよね。自分に見合ったお金しか残らないのです。そして、ストレスがある人は、お金を使うことで解消しようとするのでお金が無くなるのです。だから、ストレスが無くなったり、心の余裕が出来ると「お金の無駄遣い」が無くなっていきます。そうすると、お金が貯まってくるようになるのです。

自分の価値をしっかり上げて、自分を大切にすれば、お金も貯まるようになるのですね。

お金にも自分にも遠慮しないこと。

私は自分に遠慮することが、昔はよくありました。でも遠慮すると、運を逃すことが多いということも学びました。だから今は、「欲しいものに遠慮しない！」と思っています。だからこそよくわかるのですが、遠慮している人って本当に多くて、特に、お金を頂くことに遠慮してしまう――。まるで、悪いものを頂くような感じで遠慮してしまうのです。きっと、「私なんてまだ頂いてはいけない」なんて、思っているんじゃないかな。それはブロックの仕業です。ここまで書いたように、ブロックを外していけば人は変われます。お金を貰うことが自分のコンフォートになれば、お金が入ってくるようになるのです。

また、「お金があったら、幸せになれる」と思っている人にも、お金はまだまだ入ってきません。「お金が入ってきたら幸せだ」と思うということは、「お金がない今は、幸せではない」と思っているからです。そう思っていると、いつまでたっても幸せにもなれないし、お金も入ってこないのです。お金は豊かな心、豊かな波動の所に入ってくるのですね。

だから、**今の生活でお金が無くても、「幸せだな、豊かだな」と思えたら初めて「お金が入ってくる準備」が整う**のです。自分の心の奥深い、潜在意識が、「幸せで豊かだな」と思えば思うほど、お金も入ってくる。

だから、お金が入ったら幸せではなく、幸せだから、お金が入ってくるのです。

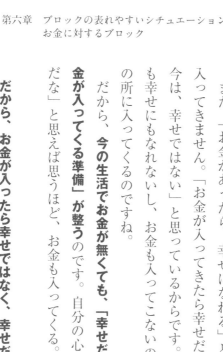

お金は欲しい金額を手に入れられる

お金が入るか、入らないかは、「自分で決めているのだな」とつくづく思います。
やりたいことや、学びたいこと、欲しいものすべてにおいて、「お金が無いから出来ない」と思っている人は、永遠に手に入れられないのです。

「自分はお金が無い」と決めているから。

お金が無いから出来ないと思っている人は、永遠にお金が無いから出来ないと言って何もしないまま、お金を理由にし続けます。でもお金が入る人は、お金が無いから出来ないのではなく、お金は関係なしに、「やる！！」と先に決めてしまうのです。

「こういうことをする！」と何かしらの目標を決めたら、その時はお金が無くても、それをするための金額を手に入れられた人は何人もいます。なぜか、その見合った金額を手にするんです。**お金があるかないかではなく、先に決めたら不思議と入ってきます**。「決めているのに入らない」と思っている人は、心の奥深くでは、

お金が無いから無理。
お金が無いから出来ない。
お金は入らない。
と思っているのです。

だからこそ、「先にやる！」と決めて、行動すること。
そうすれば、必ずお金は入ってくるのです。

成功したいなら居心地が悪い場所に行く

もしあなたが今の収入では満足せず、もっと大きなお金を手にしたい、成功したいと思っているのに、なかなか手に出来ない時、することがあります。

それは、「居心地が悪い場所にいく」ことです。

居心地が悪い所って、たくさんあるんですよね。例えば、稼ぎたかったら、自分よりも数倍稼いでいる人に会いにいく。そうすると、その時の自分のオーラや波動とは全く合わないのです。緊張するし、その空気感が合わない。でも、その空気感と合うようになったら、自分も収入が上がっていきます。

初めて何かをする時に行く場所。

初めて仕事をする場所。
初めてランチ会に行く。
こういう時の自分って居心地が悪いでしょ？

こういう時は変化を強いられますから、自分自身、居心地が悪いのです。その居心地の悪さが、大きなお金を手にする場所に連れていってくれるのです。だけど私たちは、悪い居心地は好きじゃない。仲良い人たちと一緒にいたい。

だって、居心地が良いんだもん。

でも、その居心地の良さの中にいると、自分の成長も止まって、お金の成長も仕事の成功も止まってしまうんです。だから、いつも同じメンバーでいる人は、大きなお金が手に入りにくくなります。

居心地の悪さとは「ネガティブな違和感」ではなくて、「ポジティブな違和感」を感じる場所。私は敢えてそういう場所に向かっていきます。そこに馴染めるくらいに。居心地の悪い所に挑戦することで、自分自身が向上して、大きなお金を手にすることや成功に近づけるのです。

何かを始めたら、「うまくいきたい」「成功したい」と思うもの。でも、最初からうまくいく人はそうはいきません。

例えば、パソコンを初めてやってみました。電源を入れても、最初は全然わからない。パソコンをたくさん触って、間違えて、フリーズして、それでも出来ない自分に悔しくなって、出来るように考えたり調べたりして、やっと出来るようになっていきます。

出来るようになったら、楽しいですよね！

でもパソコンを始めて何をしていいかわからず、触ってフリーズして「もうダメ！」「パソコンなんて嫌！」とパソコンをいじらなくなったら、うまくならないし楽しくもない。パソコンなんて……という気持ちのまま、パソコンに苦手意識を持ってしまいます。

「そこを乗り越えたら、パソコンの面白さを知るのにな」と思うのに、その前で諦めてしまう。

起業もビジネスも恋愛も仕事も、子育てや何か新しいことを始めるにも、パソコンと同じように、うまくいくまでやる人と、うまくいく前に諦めてしまう人がいます。**うまくいくことを、うまくいくまでやり続ければいいだけなのです。**失敗してそこでやめてしまったら失敗で終わってしまう。うまくいく波に乗れるチャンスの前には必ずと言っていいほど……、

何だかうまくいかない。
めげることが起きる。

こんなことが、たくさん起きるのです。

まるで、「これを乗り切れるか？」と試されているかのように……。その辛かった分だけ、それ以上の楽しさがやってくることを知らずに、諦めてしまう人が本当に多い。私は過去にこのような人にたくさん会いました。諦めないで、やり続けることも大事です。うまくいかないことをやり続けることではなく、きちんと自分を見直しながら、うまくいくことをやり続けるのです。成功するまでやり続けたら、失敗も成功するヒントにすぎない。

だから、「成功するまで、諦めない！」そうすれば、必ず人生はうまくいくのです。

黄金のエネルギーの呼吸浄化法

イメージング力を使い、心の中に溜まったネガティブなエネルギーを追い出して、ポジティブなエネルギーを入れていき、リラックスし、癒され、心をポジティブに変えていきながら浄化していく呼吸法です。

1　両手を上げて、宇宙からの愛と調和の波動である、宇宙の黄金のエネルギーとつながるイメージをします

黄金のエネルギーとつながったと思うだけで大丈夫です。

2 **背筋を伸ばして椅子に座ります**

両足の裏を床につけ、両手は上に向けて太ももの上に置く。

3 **呼吸を3回繰り返します**

まずは、口からお腹の中の空気をすべて吐き出すイメージをして下さい。

4 **ゆっくりと吐き出します。そして鼻から空気を吸っていきます**

心を丹田（おへその下辺り）に鎮めて、リラックスする気持ちで行います。息を吸いながら、**「黄金のエネルギーが自分に降り注ぎ、降り注がれた黄金のエネルギーが頭のてっぺんから入り、丹田を中心に体内にどんどん充満していく」**とイメージをします。

体でエネルギーを感じる人は、手がぴりぴりして温かくなったり、肩の辺り、頭の辺りに何か温かさや、モヤッとする感覚を感じる人が多いようです。

5

今度は、息を吐きながら「体内に充満した黄金のエネルギーが体の外へ出て、体の周りにあるオーラのエネルギーとしてどんどん広がっていく」とイメージをしていきます

息を吐く時は、嫌な思い、癒されていないネガティブな思いをエネルギーとともに一緒に吐き出し、心身が浄化されてクリアになるイメージを描いて下さい。この呼吸を自分のペースでしばらく繰り返します。

またネガティブなことを感じた時は、迷わず「黄金のエネルギー」を体内に充満させ、対外に広げていくイメージをし、心と身体を満たします。

6 終了したら、ゆっくりと意識を戻し、ゆっくりと目を開けて下さい

行う時間としては、気持ちがスッキリするまで行うことをおススメします。

第七章

ブロックを外したくないという本音

浅いブロックは、取れやすい

浅いブロックという、簡単に外れやすいブロックというものがあります。簡単に外れるブロックは、顕在意識に上がってきているので、自分でもなんとなくわかっています。

だから、少し話を聞いただけで、「あっ、そのブロックがあるかも～」と思えるブロックなのですね。例えば、お金のブロックだと、「お金って汚いもの」というようなわかりやすいものは、早く外れやすいブロックといえます。

浅いブロック、外れやすいブロックに比べ、根が深いブロックを「本質のブロック」と呼び、「根本的なブロック」と私は呼んでいます。

このブロックは正直、自分で見つけるのはとても難しいかもしれません。なぜ見つけにくいのかと言うと、その部分は見たくない部分なのです。

出てきたら辛いし、悲しいし、恥ずかしいと思われる所です。だから、本質を見つけるために自分で向き合おうとすると、自ずと避けてしまうんですね。そして根本にあるそのブロックは、「私らしく」「長年、共に歩み、自分を守ってくれたブロック」ですから、馴染み深く、それでいて見たくない所なのです。

でも、この本質のブロックが出てくると、ほとんどの人は泣きたくもないのに、号泣されたり、涙が勝手に出てくる人が多いのですね。顕在意識という自分でわかる意識に無いため、本質のブロックを見つけるのはとてもとても困難。本質のブロックは誰かに見てもらうことをしないと、潜在意識の奥深くに潜んでいるため、見つけにくいのです。

私も、なるべくここを見つけ出すことに力を入れています。

なぜなら、この**本質のブロックを見つけてしっかり取ると、人は一気に変わる**からです。簡単なブロック、浅いブロックだけを取っても、人はなかなか変わりにくいのです。本質のブロックは、根が深い分だけ取れば心も軽くなり、前に進みやすく生きやすくなるものです。

ブロックと向き合うことと受け入れること

ブロックが出てくると、正直辛いかもしれません。

ブロックは自分を守ってくれたものですが、いざ出てくると自分にとってはネガティブなものでしかないですし、嬉しいものではありません。

でも、そのブロックを知ることが大事なのです。

ブロックを知ると、顕在意識に上がり、意識するだけでもだいぶブロックが外れるのです。だから、ブロックと向き合って欲しいのです。ブロックを見ないように避けていると、ずっとブロックが出てきて、前に進めない状態になるだけなのです。そして、やってしまいがちなのが「自分を責める」ということ。

こんな自分がいるなんて最悪。

こんな自分がいて恥ずかしい。

こんな自分がいて、なんてダメなんだろう。

このような感じで責める人がいます。ブロックとは責めるものではありません。


自分を責めるクセがある人は特にしてしまいがち。ブロックが出てきたら、まずは受け入れること。そして責めることではなく、

「こんな私がいたなんて可愛い」

「こんな私も好き」

それが、受け入れるということなのです。


どんな人でも、ブロックが無い人はいません。どんな人も恥ずかしいブロックを持っています。そんな可愛い自分を受け入れると、ブロックが無くなるスピードも早くなり、現実がどんどん変化するのです。

外さなくていいブロックとは

ブロックは悪ではありません。私たちを長く守ってきてくれました。自分の妨げになっているブロックはもう必要ありませんが、「すべてのブロックがいらないのか？」というと、そうではありません。

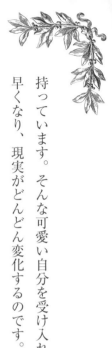

私が外さなくていいと思っているブロックは、「そのブロックがパワーになっている時」です。

私は、お金のブロックがとてもとても強かったとお伝えしました。でもお金のブロックを外したのは、ほんの少し前です。その前の40年くらいは、お金のブロックと共に過ごしてきました。だから、良かったなと思えるのは、お金のブロックがあったからこそ、それをパワーにすることが出来たことです。

貧乏になんかなりたくない！
心がすさむような、お金が無い生活をしたくない！
ケチケチしている生活をしたくない！
好きなものを好きなだけ、買いたいんだ！
と思っていました。

それが原動力となって、仕事を頑張ることが出来たのです。まさしく、ブロックがパワーですね。その時に、お金のブロックを外していたら、私の原動力は無かったかもしれません。ですから私から見て、この人はブロックがパワーになっているな、と思ったら、私は敢えてブロックを外すことはしないのです。

では、お金のブロックがパワーだった私は、なぜお金のブロックを取ろうと思ったかというと、「お金に対する不安な気持ち」がたくさん出てきたからです。

仕事をして売上げが上がっても、なぜか「意味もなく」不安になっていくのです。不安になればなるほど、私の潜在意識は、お金に対して不安を認識して、私は不安になるようにどんどん頑張ってしまう。振り返れば、そんな私がいたことを思い出し、それが「私のブロック」だと気づけたのです。

ブロックがパワーではなく、不安の気持ちが強くなり、前に進めなくなるようになってきたら、「もう必要ではない」ブロックだということです。

その時がブロックを外すタイミングだということですね。

コンフォートゾーン

「自分に制限をかける」というお話をしますね。

例えば、「私って○○なんです」という言葉。

この○○に入るセリフが、「私はネガティブなんです」と言う人がいます。

ネガティブな人でいたいのならそれでいいのですが、「変わりたい！」と思っているのに、「私ってネガティブな人なんです」と言っていると、自分で制限をかけて、自らネガティブな人と決めてしまっている状態、それではポジティブに変わることは出来ないのですね。

これはコンフォートゾーンといって、「自分はこういう人」と思い込む、居心地が良い場所なんです。

これを収入に例えると、わかりやすいかもしれません。

ある人は月収30万円を毎月貰えるとしましょう。

何かあったとしても、最低20万円の月収は保証されるとします。

こういう人は、30万円から、20万円が居心地の良いコンフォートゾーンなんです。

そして、この金額が私らしいのです。

しかし、30万円以上に収入が増えることも20万円以下になることも、その人は嫌がりますし、とても怖いことなのです。収入が下がることを怖がることは誰だってわかります。しかし収入が増えることって、とても嬉しいはずなのに、実はとても怖がることなのですね。

居心地が良いコンフォートゾーンから抜け出したくないのが「人」です。

たとえ50万円を頂けるお話が来ても、「私はそういう人ではない」「私はふさわしくない」というブロックが出てきて断ってしまうのです。それも無意識で。

20万円になったら生活出来なくなる恐れがありますから、他の仕事を見つけたり探したり何らかの方法を取りながら、20万円以下にならないように動き出します。

これも無意識で。

だから、どんなに頑張っても大きな収入が入らないのは、「自分はこういう人」だと決めているからなのです。収入を増やしたいと思っても、変化を恐れる私たちは、ブロックを外したくないのです。


これがコンフォートゾーンなのです。

「悩むことが私らしい」となっていると、いくらブロックを取っても居心地が良い「悩む自分」に戻ってしまいます。

では、どうやったらコンフォートゾーンを抜け出すことが出来るのか?
それは、自分の居心地の悪い場所に行くことなんですね。それが一番抜け出す近道です。

良くなるにも変化が怖い

私たちって、とっても不思議です。
良くなりたいと強く思っていても、変化を恐れてしまうのです。

コンフォートゾーンという、自分の居心地が良い場所があると説明しましたが、ほとんどの人が居心地の良い場所から抜け出したくないのです。良くなることを望んでいないというよりは、良くなってしまう自分がわからない、未知の世界だから怖いのかもしれません。だから変化出来るブロックをなかなか外したがりません。

彼が出来てしまって幸せになるのが怖い。
幸せになったら、何かを失いそうで怖い。
お金が入ってきたら怖い。

こんな感じで、今ある慣れている所からの変化をとても怖がっています。
本当は、「今のまま」「現状のまま」を望んでいるんですよね。だからうまくいかない現状から抜け出せないのです。そして抜け出せない理由を作って、何かのせいにしてしまうのです。

幸せになれないのは、生まれた環境のせい。
幸せになれないのは、誰かのせい。
幸せになれないのは、時間が無いから。
幸せになれないのは、旦那さまのせい。

幸せになれないのは、お金が無いから。

など、幸せになれない理由を見つけたら、たくさんあります。

でも違うのです。それは理由ではなくて、居心地が良い場所から抜け出したくないために、理由を見つけているだけ。

まずは自分が幸せになる許可をすること。
そして幸せになる覚悟を決めること。

これは、とても勇気がいることです。でも、決めることで、変化を恐れずに幸せになることが出来るのですね。

ブロックが取れない人の特徴

ブロックをどんなに取ってもらっても、自分で取る方法を学んでも、「ブロックが取れない人」はいます。ここはしっかり押さえておきたい所です。

そのブロックが取れない人の特徴というのがあります。

1 問題は自分の中にはない！　と思っている人

自分の頭では「問題は自分にある」と頭で思っていても、深い意識の中では「私は悪くない」「私は正しい」「問題は他のせい」となっている人は、まずブロックは取れません。それはそうですよね、「ブロックを取るのは私ではない」と思っているのですから。

こういう人の特徴は、「私の周りの人が変わればいい」と思っています。

旦那さまが変われよ！

彼が変われよ！
親が変われよ！
上司が変われよ！

と心の中で叫んでいています。
そして、「変わりたくないの！　私は悪くないの！」と言っているので、ブロックは取れません。

2 依存心がある人

これは、自分では頑張らずに、「私を変えてよ！」と心の中で叫んでいます。それも「すぐに変えて！」と、セラピストやカウンセラーに思っている人が多いですね。ブロック解放は魔法ではありませんから、すぐに取れるものと取れないものがあります。依存する人には特徴があって、質問が何度も長文で送られてくることが多いのです。

なぜ長文になってしまうのか？
「私は、理解してもらえない」というブロックがあるから、長くなってしまうのです。長く書かなければ、私はわかってもらえないと思っているのです。

わかって欲しいだけなのです。

何度も質問することによって、かまってもらいたい。
自分では解決出来ないというより、したくない。

だから、解決にはなかなか向かいません。そういう思いがある人は、残念ながらブロックは取れないのですね。依存の人は、出来るようになっても、誰かにかまってもらうために、自ら出来ないようにしてしまうのです。だから、自分にかまってくれる依存出来る人を、「依存をやめない限り」探し続けます。目的が、自分をわかってもらえる人、さみしい自分にかまってくれる人を探すことなので、ブロックを取るのが目的ではないのですね。

3 変わりたくない人

ネガティブでいることが居心地良くて、自分を責めすぎるようにしている人もブロックが取れません。「こういうブロックがありますよ」とお伝えしても、受け入れない人はもちろん取れませんよね。

「でも、だって」という言葉が多い人も、変わりたくないのでブロックが取れません。さて、なぜここまで、ブロックを外したくないかというと、「得」があるのです。外さない方が、自分にはメリットがあるということですね。

ネガティブでいる方が、頑張らなくていいからラク。
出来ないでいる方が、かまってもらえる。
私が正しい思っていれば、人に勝てる。

など、外す以上にメリットがあれば外さない方がいい。ですから、ブロックがなかなか取れない人は、そのブロックに自分のメリットがないか探して下さい。
問題が見れない人も、見たくない人もブロックは取れません。こういう人は問題から逃げてしまったり、話をそらしてしまい、問題を見ようとは思っていません。本気で変わりたいと思わないとブロックも取れないのです。本気で変わると決めれば、いくらでもブロックは取れるものです。

前に進めないアクセルとブレーキ

車には前に進むアクセルがあります。そして車を止めるためのブレーキがあります。当たり前ですよね。
もしアクセルとブレーキを同時に踏んでいたら、どうでしょう？　前には進まないということがおわかりですよね。実は私が、ブロックを真剣に学ぶキッカケになったのは、このアクセルとブレーキを同時に踏んでいる人をたくさん見て、「それは、なぜ？」と疑問を抱いたことからでした。

例えば、出来る人なのに、出来ないと言う人。逆に、「前にもっと進みたいんです！」「もっとうまくいきたいんです！」と言っているのに、前に進めない人。

「ビジネスのやり方を教えて下さい！」と言うので教えても、出来ない、やらない、動かない、しまいには文句まで出てきてしまう。前に進みたいと言っているのなら進めば良いのに、進めないので、「何だかもったいないな」という気持ちでした。うまくいかない状態や、前に進まない状態というのは、アクセルとブレーキを同時に踏んでいる状態ですから前に進まないのですね。

このブレーキの役目をするのが、「心のブロック」というものなのです。

このブロックというブレーキを外せば、簡単に前に進みます。何度も言っている通り、このブレーキを外すことが怖いのです。もしかしたら、外すことが嫌で、外さないことにメリットがあるのかもしれません。頭では前に進みたい、でもブレーキを外してしまうと、どんな未知の世界がやってきて、どんな恐ろしいことがやってくるかわからないという怖さがあるのです。

前に進んで失敗したらどうしよう。
事故にあったらどうしよう。

そんな未知の世界が怖いのです。でもブレーキを外せば前に進むだけなのです。
今まで見なかった楽しい世界が待っているのです。

ブレーキという心のブロックを外せば、道がどんどん開けていくんですね。

間違えた思い込み、過去のトラウマ、自分で制限をかけるブロックが無ければ、私たちは思い通りの人生を歩むことが出来るのです。ブロックが無くなることももちろん大事ですが、**日頃から考えている思考や考え方、そして在り方を変えることもとても大事**なのですね。

願った通りに生きられる考え方や方法を身につけ、自分の波動のエネルギーを上げ、運を上げながら願った通りの人生を歩みたいですね。

イメージ書き換え法

イメージを書き換える＝自分の潜在意識を書き換えることが出来ます。

もちろん、過去に起こった出来事をタイムマシンに乗って書き換えることは出来ません。過去にあった辛い出来事、どうしても言えなかった思いなどを書き換えてしまう方法です。

例えば、私が小学生の時の出来事を例にしてみます。

小学生の時の授業で、「クラスの子の長所と短所を書きましょう」という授業がありました。

私は、どうしても短所を書くのが嫌だったので、嫌なものを先に終わらせて、長所をゆっくりいっぱい書きたいという思いで、短所から書いていたのです。

そんな時、担任の先生が、私の用紙を見て、みんなに言ったのです。

「なんで、短所をばかり書いているの？　人の悪い所だけを見てはいけません」

その時の私は、何も言えませんでした。

でも心の中では、

「違うのに。短所が嫌だから先に書いたのに」

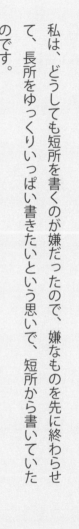

この思いが何十年も記憶から離れませんでした。

それを思い出す度に、悲しい気持ち、腹立たしい気持ち、何でわかってくれないの？という気持ち、誤解され、私は短所しか書けない子供と見られた恥ずかしさ、こういう思いがずっとあったのです。

そこで私が行ったイメージ書き換え法です。

その時の授業中をイメージし、先生に言われるのです。

「なんで、短所をばかり書いているの？　人の悪い所だけ見てはいけません」と。

そして、そのイメージの中で言います。

「先生違います！　私は短所が嫌だから、短所を先に書いているだけなんです。長所は、いっぱい書きたいので」

そして、先生は言います。

「あっ、ごめんなさい。先生の勘違いだったのね。では長所をたくさん書いて下さいね」と先生も私も笑顔で、イメージは終了します。

思い出す度に、この「イメージ書き換え法」を行っていたら、誤解されて悲しい気持ちが全く無くなってしまったのです。

過去の出来事は変わりませんが、潜在意識の中の記憶は変えてしまうことが出来るのです。潜在意識を錯覚させてあげるのですね。

例 失恋して彼に言えなかったことのイメージ書き換え法

彼に思いっきりヒドいことを一方的に言われて、何も言えないで振られたとしましょう。

そうすると、心の中で、「怒りの感情」「何も言えなかった感情」「悔しい感情」が残ったままになっている場合があります。

そういう場合は、この書き換え法を使うのです。

「あなただって、そういう所あったじゃない！　本当はあなたのそういう所が許せなかった。私だけが悪者なんて、こっちこそ許せないんだから！」

彼「ごめん」

と言って、終了。

言えなかったこと、心残りがあると、どうしても前に進めなくなる時があります。このようにイメージの中で言いたいことを言うと、とてもスッキリして、新しい恋愛に進めるようになります。

例　仕事で過去に大きなミスをしてしまった。思い出しても胸が痛くなる、そんな場合のイメージ書き換え法

こういう場合は、またミスしたらどうしようというイメージが喚起され、同じミスが繰り返されてしまう可能性があります。

過去の大きなミスを思い出してみましょう。

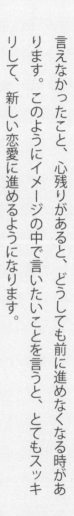

辛いかもしれません。
辛すぎる場合は、まだ行わなくてもいいですからね。

仕事でミスに気づいてしまった。
それが問題となり、とても怒られ、自信を失くしてしまった。

それを、書き換えていきます。

仕事のミスに気づいてしまった。
でもそのミスは今後の仕事にとても役立つものであり、みんなにとっても
必要なミスだった。

そのミスのおかげで、みんなから感謝された。
良かった。今後の役に立てたんだ。

このように書き換えていくと、潜在意識は錯覚を起こします。

昔の出来事をまだ引きずっているようなら、この方法で書き換えてみましょう。気持ちがスッキリするまで行うと、同じ記憶を思い出しても、辛い感情が出てこなくなります。

第八章 すべての願いを叶えるために

幸せは自分の心が決めている

心が映し出している現実。
それは、とても楽しくて幸せなものですか？　それとも、辛くて苦しいものですか？　私たちの幸せは自分の心で決まります。心が幸せだったら、見えるものや起きているものがすべて幸せに感じます。心が幸せではないと、見えるもの起きることすべてが幸せには感じません。それだけ、心が幸せかどうかって大切なんですね。もし、幸せではないと感じているならば、「自分には何もない」と思っていないでしょうか？

無いもの、足りないものばかりを数えているんです。
あの人と比べて、あれが足りない、これが足りない。

足りないものばかりに目がいっているから、いつまでたっても満たされない心のままなのです。足りないものばかり数えていると、本当に足りない気持ちになっていくんですね。心を幸せにしたかったら、「自分にはある」ものに目を向けてみることがとても大事です。私にはこれもある、あれもあると、小さなことでいいから見つけてみる。だって、みんないっぱい持っているんですから……。ただそこを見ていないから気づいていないだけ。内側にあるものに目を向けていくと、心がね、とっても満たされていくんです。意外といっぱい「自分の中にある」ということに気づかされます。

そうすると、だんだん「幸せだな」って感じるようになっていきますよ。自分の幸せは、自分の心が決めているのですね。

自分が変化する時のサイン

変化の時には誰もが起こることなのですが、「自分が変化する時のサイン」が必ずやってきます。エネルギーが変化する時があるのです。そのエネルギーが変化する時こそ、自分の変化が起こりやすい時なのですね。さてその合図は、どんな合図でやってくるのでしょうか？

気持ちがネガティブになったり、急に楽しくなくなったり、めげたり、仕事でミスしたり怒られたり、いつもしない間違いをしてしまったりと、なんかどうも不調という状態がそれです。

でも、私が一番感じる変化のサインは、「電化製品が壊れる」ことです。
まだ買って1か月もたっていないＬＥＤが、突然パチン！と切れたりするのです。ＬＥＤなのに電気がつかなくなるなんて……。私の変化の時は、電化製品が壊れることで家族の間では有名です。電球がやたらと切れてしまうことが多いので、「もうこれ以上、電化製品を壊すのはやめてくれ」と家族に言われますが、私だけではなく、みなさんにも何かしらの形で変化のサインが来ている可能性があります。

電化製品はエネルギーを通すので、「変化するサイン」としてやってくることが多いのです。

私は、こういうサインが来たら、「自分の今までのエネルギーの膿だし」「これから変化する前のネガティブを出す時期」と捉えています。抵抗はせず自然の力に身を任せて、それを受け入れ自分を少し見つめます。そんな変化の前の膿だしは、いつかみなさん経験するはずです。これには抵抗しないで下さいね。

抵抗していると、変化はやってこないのです。

そして、そのエネルギーの膿だしが終わると、自分のステージが変わり一気に変化が加速していきます。

「隣の芝生は青い」から抜け出す方法

自分の長所をたくさん書くことを、どれだけの人が出来るでしょう？
長所が私には無いなんて思っている人も多いはず……。でも、**長所と短所は表裏一体なのです。みんな本当は、長所だらけなんですね**。

例えば、「私はとっても頑固」という短所がある人でも、これを長所に捉えなおしたら、「意志が強い」になるのですね。「せっかち」な人は、長所になると「やることが早い」ということ。「大雑把」な人は、長所になると「おおらか」ということ。

このように、長所と短所は表裏一体なのです。

それがどのように、表に出ているのかが問題なのですね。その違いは心の違いなのです。ポジティブな心になっている時は、長所として表に出ているのです。ネガティブになっている時は、短所として表に出ているのです。心がポジティブな時は、自分のことも肯定的に捉えられますから、長所として受け止めているので長所として表れるのです。これも自分の心しだいということですね。

自分と他の人を比べて落ち込んだことはありませんか？　私は大昔、よ〜く陥っておりました。特に私は昔、数字を追っている仕事をしていたので、優劣がハッキリと出てしまうことから、この穴にはまりやすかったのです。

あの人は出来るのに、自分はなんてダメなんだろう。
あの人はうまくいくのに、私はなんでうまくいかないんだろう。
あの人は体型が良いのに、私は……。

先にやっている人と比べて、最近始めた自分は比べてみるとダメな自分。
そしてドツボにはまっていく自分。

もう、きりがないくらい隣の芝生は青く見えるのです。他の人と比べていると、こんな状態を招きがちです。

やる気が無くなってしまったり、
才能が無いのではないかと思ったり、
私には無理なんじゃないかと思ったり、
私には合わないんじゃないかと思ったり、
私ってダメダメな人間？と思ったり、
私ってなんて出来ないんだろう、と思ったり、

こうして夢を諦めたり、途中でやめてしまったりするのです。うまくいっている時は良いけれど、うまくいってない時はとにかく辛いものです。私も相当落ち込みましたし、心がズタズタになったこともあります。

「人と比べるのはやめなさい」

何度言われても、それがなかなか出来ないのですね。隣の芝生は青く見えるということは、簡単に言うと、「他人と比較してる」ということです。これがひどくなると妬み僻みになってしまうのです。そうしてどんどん自信が無くなっていく負のスパイラルに突撃していきます。やっぱり妬んだり僻んでりしている自分って嫌ですよね。

では、どうやってそこから抜け出すことが出来るのか。

それは、**「自分の目標を持つこと」**

これが一番解決出来る方法です。とってもシンプルです。隣の芝生は青く見える状態は他人に目線があるということ。だから自分の目標を持つことによって、自分に目線を向けることが大事。例えば、起業している人が、「どうしてあの人は売り上げが凄く上がっているのに、自分には無いんだろう?」と思う前に、「自分の一年後の売り上げがどの位になりたいのかを考えてみる。そして、今月はどの位売り上げるか、また目標を決める」という風に、自分に意識を向けて行動し始めると、隣の人が気にならなくなってきます。小さくたって良いのです。自分の目標を持って毎日コツコツやっていると、他人が気にならなくなり、結果その人の売り上げを抜かしてしまうこともあるんですよ。そして、自分に自信がつくのですね。

ぽっちゃりの女の子が、「なんであの人のように痩せないのだろう?」と思う前に、どのくらい痩せたいか考える。今月は500gだって良いんです。どうやって500g痩せるか考えて、毎日コツコツ続けて目標に向かってると、他人が気にならなくなります。結果、痩せてみんなに憧れられて自信がつく。簡単に言うと、「目標がない」「こうなりたいと思う自分が無い」から、他人に目がいっちゃうのです。

そして、もう一つはヒマなのです。

隣の人を見る時間があるくらいヒマだから、隣の芝生を見ながら落ち込むのですね。だから、目標を持ったらそれに向かって行動すること。今、目標が無くっても大丈夫。これから作ればいいのですから、まずは自分の理想像を考えてみることですね。


「どんな自分になりたいのか?」

「こういう風になりたいな。」

それで良いんです。早速、紙とペンを持って書いてみましょう。

目標が定まっても、隣の芝生は青く見える状態だったこともあります。その時に自問自答してみたのです。

「私はその人になりたいのか?」

「それとも自分の理想の未来になりたいのか?」

私は自分らしい理想像になりたいので、そこで他人と比較している時間はムダなのだなと気づきました。だって他人と比較しても、その人になりたいわけじゃないのですから。

人のことは本当に良く見えます。

でも、隣の芝生が青く見えてしまう、その見られている方の人も、悩んだり辛かったり、いろいろ抱えているかもしれませんよね。ただそれを、見せていないだけかもしれません。

だからね、他人と比較するのはムダなのです。

今、悩んでいる人も、自信を無くしている人も、やる気が失せている人も、自分のことをダメだなと思っている人も、大丈夫。みんなとっても魅力があるのですから。

人からたくさん愛される法則

人からはとっても大事にされたいし、大切にされたいし、愛されたい。では、**どんな人が愛されるかというと、それは、「自分を大切にしている」かどうか**なんです。

例えば、目の前に、キレイでよく磨かれているグラスと、同じグラスでも、ふき汚れがあって底の少し欠けているグラスがありました。「このグラスのどちらかを思いっきり割って下さい！」と言ったら、どっちを割りますか？　これは、心理学上のお話ですが、私も含めてみんな、汚れている方のグラスを割りますよね？　人は、ある一定のパターンが乱れると、それに「波長が合ってしまう」ということなのです。

ということは、心も乱れていたり、自分を大切に出来ないでいると、そこに波長が合って、周りの人は自分のことを大切にしてくれなくなるのです。もし、大切にされていない、大事にしてくれない、愛してくれないという意識があったら、それは自分が大事にしていないから、そこにみんなと波長が合ってしまっているのです。自分を大事にしていると、周りもそこに波長が合い、大切にしてくれるようになります。

過去と他人は変えられない、未来と自分は変えることが出来る

彼（彼女）を変えたい、夫（妻）を変えたい……という気持ちってありますか？言葉に出さなくても、「周りが変わってくれたらいいのに」と、そんな気持ちになる時もありますよね。でも自分を変えるのだって大変なのに、人を変えるなんて到底無理なんです。問題のほとんどが相手ではなくて自分にあるから。

人は、「変わりたい」と望んでいる人じゃないと変われない。そうこれまで何度もお伝えしてきました。だから、いつも言うのは、「自分を変えた方が早いですよ」と

いうこと。自分を変えると言っても、**考え方・思考・意識を変えていくだけ**なんです。

簡単に言うと、見方を変える。でも、変えようと思ってもなかなか変わりません。だから、最初は意識するだけでいい。「こういう時は、見方を変えればいいんだな」と思っていればだんだん変わってきます。過去と他人は変えられないのです。自分と未来は変えることが出来るんですね。

それだけではありません。**自分が変わると、過去の出来事さえ変えることが出来る**のです。あの時の辛いことがあったから、今の幸せがあるんだと。だからあの時の辛かった過去があったから良かった、という風に過去を変えられる。

あの時の失敗があったから、
あの時の失恋があったから、
あの時のどん底があったから、

あの時のいじめがあったから、
あの時の……出来事があったから、

これからの幸せにつながっていきます。まずは、今現在が幸せだと思える心に気づくこと。あなたのこれからの人生は、もっともっと楽しいものなんだと知って欲しいのです。

大丈夫！　そんな自分に気づけたら、あなたは絶対に幸せになれますからね。

恐れを手放し、ずっと豊かさが続くということ

幸せになること、
豊かになること、
お金が入ってくること、

人生が軌道に乗ってくると、人は恐れるのです。

こんなに幸せになるなんて、ずっと続くわけがない。

お金が入ってきたら、これは何かその分、悪いことが起きる。

そんな風に、良くなることへの恐れがやってきます。良くなりたいのに、良くなることを恐れてしまう私たち。恐れるあまり、私たちの本能は必然的に悪い方へ自分から向かってしまう。とってもいい流れなのに自分から降りてしまうのです。そして悪いことが起きると、

「やっぱりこれが私」

と、幸せではない自分を受け入れてしまう。

でもね、

幸せではない自分は受け入れない。

そして、自分から幸せを手放さない。

自分の幸せや、豊かになること、お金が入ることをしっかりと受け入れる。

「自分は、どんどん幸せになっていい！」ということを本気で思うことが、ずっと豊かさが続くようになる秘訣です。

必ず誰かが見てくれているのです

みんな何かしら、頑張っていますよね。

仕事を頑張っていたり、

子育てを頑張っていたり、

家事を頑張っていたり、
パートナーとの関係を頑張っていたり、
恋愛を頑張っていたり、
人間関係を頑張っていたり、

いろいろな所で、日々頑張っていますよね。

一人で頑張っていることに誰も見てくれていなくて、むなしくなることがあるかもしれません。誰かに見られるために頑張るということではなくて、誰にも見られないで頑張るって時にはさみしいもの。でもね、誰も見ていないと思っていても、必ず誰かがあなたの頑張っている姿を見ています。そして、もし誰も見ていなくても、自分が自分を見ているのです。

自分に嘘をつかない生き方を、自分が見ている。

これが自分自身の自信というものにつながっていくのです。誰にも見られていない時の姿が本当の姿だと思うのです。見られていない時に頑張っている姿は、もし神様がいるのなら、神様も見てくれているんじゃないかなぁ、といつも思います。だから毎日コツコツ、自分が出来ることを精一杯やるからこそ、前に進めるのかなとも思います。

頑張っても結果が出ない時

毎日頑張っているのに、

何も変化がない。

何の結果もない。

と思う時があるかもしれませんね。何かを頑張れば頑張るほど、そう思うかもしれない。私も過去に、頑張っても頑張っても全然結果が出なくて、悩んだことがありました。「無駄なことをしているのではないか」と思いながら行動していたことがあったんです。でも、その頑張りは必ず自分自身の成長につながっているのです。無駄なことは一つもなくて、少しずつ成長出来ている自分に後から必ず気づくはずです。

結果が大事な時もあるけれど、それよりも一歩ずつでも成長出来ている自分の方が、遥かに「心が鍛えられている自分」そして「強くたくましくなっている自分」の姿ですから重要と言えます。

その成長があってこそ、その先の結果に結びつけることが出来るんですね。

ネガティブな出来事をポジティブに転換する方法

ネガティブな出来事は必ず起きてしまいます。
だけど、ちょっとした転換方法で、ネガティブな出来事もポジティブに転換出来てしまうんですね。

その転換出来る言葉が、**「おかげさまで」**なんです。

エレベーターが壊れて大変だと思ったら、
「おかげさまで運動が出来るようになって、運動不足が解消されちゃうな」

仕事でミスしちゃったと思ったら、
「おかげさまで、二度と間違わないで済むな」

わからないことだらけだったと思ったら、
「おかげさまで、これから色々詳しくなっちゃうな」
パソコンが壊れて困ったなと思ったら
「おかげさまで、パソコンを新しく購入して仕事がスムーズになるな」
クレームを言われて腹が立ったり落ち込んだりしたら
「おかげさまで、これでまた会社が発展するヒントになるかも」

という風に、**「おかげさまでこうなっちゃうな」とイメージ**すると、簡単にポジティブに転換出来てしまうのです。私は、いつもこの「おかげさまで」をたくさん使っています。

失敗しても、
おかげさまで詳しくなったな。
おかげさまで成長出来たかも。
おかげさまで人に教えられるようになった。
こんな風に、転換してしまうんですね。

「おかげさまで」を使うと、ネガティブな出来事が簡単にポジティブになっていくから面白いのです。だからネガティブな出来事は、ネガティブでは無いということなんですね。正直、失敗すると「ガーン！」となったり、「げっ！」と思ったりすることもあるんです（笑）。でも、その度に心の中で「おかげさまで」と一人つぶやきます。

この言葉を言うだけで、ネガティブな出来事が、どんどんポジティブになっていきますよ。

うまくいくことだけをやって、すべてを叶える人生

うまく物事が進む人って、「うまくいくことだけ」をやっているんですね。

うまくいかなかったらどうしよう、
失敗したらどうしよう、
こうなったらどうしよう、
とは、考えていないのです。

うまくいく思考になって、
うまくいく考えになって、
うまくいく行動をする。

そこに情熱と時間を費やしているのです。

うまくいく結果だけを見ているわけですから、うまくいかないことが起こっても、うまくいくにはどうしたらいいのかな？　どうやったら乗り越えられるかな？と解決する方法を考えるのです。だから、必ずうまくいきます。

「うまくいくことだけをやっている」から結果が生まれ、やがて、すべてを叶えられる人生になるんですね。

願いを叶えるために宇宙にリクエストする

願いを叶えられる人って、何でも叶えていくように見えるのに、願いが叶えられない人は、小さいことすら叶えられない。この差ってなんだろう？　その種明かしをしましょう。願いが叶えられる人も、最初から大きなことが叶えられた訳ではないのです。小さな願いを叶えて、それの積み重ねで大きくなっていったのですね。

そうすると、「自分は出来る！」「叶えられる！」と自然に思えて、どんどん実現出来るようになるんです。でも、小さなことさえも叶えられない人は、小さな願いさえも、「私には、無理！」と思っているんです。無理と思っているから、小さな願いさえも叶えられない。これが宇宙の法則です。

つまり、**ブロックが邪魔している**ということ。

まずは、「出来る！」「叶えられる！」というところから、小さな願いを叶えられる自分を作って、叶いグセをつけていく。叶いグセがつくと、叶えられる自分が出来ていって、大きな願いも、どんどん叶えられる自分になっていきます。

このように願いは叶えられるのです！

ですから、欲しいもの叶えたいものは、ちゃんとリクエストしなくてはいけません。

例えば、ステーキが食べたいと思ってお店に行きました。そこで、店員さんに「オーダー」しないとステーキは出てきませんよね。

私たちも宇宙にちゃんとオーダーしないと、その声は届きません。私たちの願いを叶えるには大事なことなのです。

一番効果的なのは、紙に書いてみること。

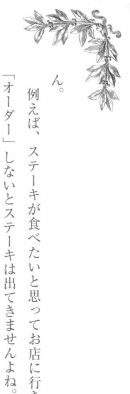

願いを叶えるために、ノートに叶えたいことをたくさん書いてみて下さい。私は、叶えたいことを付箋に書いてコルクボードにペタペタ貼っていきます。そしてノートにも書きまくります。私、しょっちゅう書いているんです。トイレやお部屋の天井のような、いつも見える所に貼っても良いですね。

でもね、どこにでも貼るやり方は、ちょっとだけ要注意。人によっては逆効果の場合もあります。いつもその願い事が目についていると、「叶ってないなぁ」と思い始める時が出てくるのです。その思いが出てきたらやめた方がいいんです。

「この願いは叶っていない！」と潜在意識に刷り込まれ、宇宙に「叶わないこと」をオーダーしているようなもの。

何度も何度も強く「思いすぎる」と執着になって、「叶わないこと」を望んでいることになってしまうのです。私は付箋で貼ったら、完全に書いたことを忘れてしまいます。ノートに書いたら忘れちゃう。

忘れるくらいがちょうどいい！

あとは、宇宙にお任せしながら行動していると、自分の願いが叶っていきます。

宇宙に具体的にオーダーする

幸せになりたい、何もかもうまくいく人生を歩みたいと、誰もが願うはず。

私は、宇宙の神様の気持ちになって考えてみることがあるんです。もし本当に神様がいるならば、神様は人間を作ったわけでしょ？　絶対に人間を良くしたいと思うだろうし、人間の希望を受け入れてくれると思うんです。だからね、自分の希望を神様にオーダーすればいいのです。だけど漠然とした願いは叶わないのですね。

ただ「幸せになりたい」だと神様はわからない。料理をオーダーする時に、「美味しいものをお願いします！」と言われても困りますよね。ハンバーグでも、ラーメンでも、魚定食でも、ちゃんと「具体的」にオーダーしていると思うのです。でも、いざ人生のオーダーになるとわからない人が多い。

彼とうまくいきたい。

ではなく、彼と具体的にどうなりたいのか？

お金持ちになりたい。
ではなく、お金が入ったらどういう生活になりたいのか？

神様は、どうしていいのかわからないのです。だって、うまくいかない人は、「うまくいかない」とつぶやき、それを神様はオーダーしていると思っています。だからあなたの人生は、神様がオーダーしているように願いを叶えてくれているのです。

あなたは、具体的に何をオーダーするのかな？
それが、これからの人生にとっても必要になるのですね。

そして、ちゃんとその願いを叶えてくれるのです！

本当に好きなものを買うと運を呼ぶ

自分の幸せに気づいていますか？

「幸せがわからない」「幸せがどういうものなのかがわからない」という人もいると思います。幸せだと気づく簡単なコツがあるんです。お店に行って、ペンでもいいし、ポーチでもいいし、雑貨でも構いません。それをしっかりと持ってみるんです。

その物を持って、

これって可愛い。
これを持つと心がときめく。
これを持ったら幸せな気持ちになるな。
と思ったら買うんです。そうでなければ買わない。

こうやって、**いちいち心に聞いていくと、自分の幸せに気づけるようになっていきます**。そして、本当に欲しいものを購入していくのです。

なぜ、こういうお話をしているかというと、私自身、ストレスが溜まった時や、お金が無かった時、心が満たされていない時には、「安いから」と必要ではない物ばかりたくさん買い込み、いらないもので家が溢れていたのです。いらないもので囲まれている私は幸せではないし、またストレスを呼び起こしていたんですね。だからこそ言えるのです。

本当に欲しい物だけを買う。

そうすると不思議なことに運が好転していくのです。まるで、欲しい物が運を運んでくるかのように幸せになっていくんです。ぜひ試してみて下さい。運が運ばれて、あなたの人生はもっと好転していきます。

うまくいかない時からの幸運力の上げ方

うまくいかない時、もうダメだと思う時は、どんな人でも経験があると思います。そんな時にやって欲しいことは、過去の成功体験を思い出すこと。どんな人にもうまくいった経験があるはずです。同じような境遇からうまく物事が進んだことなど似た経験があるはずです。

その乗り越えた経験を思い出して下さい。苦しんで、頑張って、もがいて、そして克服しながら、出来ないと思ったことが出来るようになった成功体験が、小さなことでもあるはず。それは幼少期かもしれないし、小学生の時かもしれない。中学校から高校生、大学、初めての就職の時かもしれないですし、部活の時かもしれない、もしくは習い事かもしれない。

「そんなこと思い出せない。」

「そういうことはない！」

と思っているのは、思い出したくないか、そんな自分はあるはずがない、と思い込んでいるだけ。人生がすべてうまくいかず失敗ばかりで、一つも良いことなんかないという人はいません。それが今のあなたの存在を作っているわけだから、必ず乗り越えた経験があるはずなんです。

そういう過去の自分を思い出すことで、

自分は出来る。
自分は出来た経験がある。
自分は乗り越える力がある。

と思えるはず。そして、小さな成功体験をいくつもいくつも繰り返すうちに、少しずつ大きな成功体験となり、幸運力が増してくるのです。


目の前に起こっていることは、乗り越えられるからやってくる。

乗り越えた後には、自分自身の成長と幸運を手に入れることが出来るんですね。

願いを叶える言霊の威力

言葉には魂が入っています。だから「言霊」と言うんですよね。

どれだけ言霊に威力があるか既にたくさん紹介されています。もう科学的にも立証されているのだと思います。

例えば、お花に毎日ネガティブな言葉をかけていると、お花はすぐに枯れてしまう。逆に毎日、ポジティブな言葉をかけていると、お花は長生きするというデータが出ているのです。お花でさえ言霊を感じています。

それなのに、なかなか言葉を変えられない人が多い、もったいないなと思います。

私たちはネガティブな言葉を発したら、それは自分に言い聞かせることになり、自分に影響してくるということなのです。どんな言葉を発したら自分に影響するかを考えながら、言葉にしなくてはなりません。

もし、ネガティブな言葉が出てしまったら、「最後はポジティブな言葉で締めくくる」といいですよ。

意外と自分が発している言葉って覚えていないものです。例えば、口グセというのは、潜在意識に入り込んでいる「思い」が言葉として表れます。

とっさに出る言葉、
よく口にしている言葉、
そういう言葉は、潜在意識で思っていることです。

出来ないと思い込んでいる人は、「無理」、「わからない」、「出来ない」という言葉を多く言葉に出します。人の話を受け入れたくない人は、「だって」、「……だったら」、「でも」という言葉を多く出してきます。

自分のことって一番見えない。

「出来ない」を「出来る」という言葉に変えるだけで人生は変わります。他人が出来ることのほとんどはみんな出来るのです。出来ないという思い込みが潜在意識に刻み込まれ、出来ないようにしているだけ。

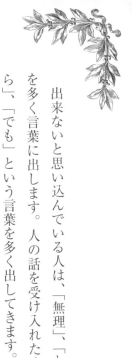

良くも悪くも、あなたの願いを叶えてくれているのです。**あなたの口グセが、全てを叶えてくれると思ったら、あなたはこれからどんな言葉を使いますか？**　あなたの口グセを変えたら、潜在意識に刻み込まれあなたの願いを叶えてくれるのです。

それだけ、あなたが発している言葉には、自分の願いを叶え、人生を変えるだけの力があるということなんですね。

心がどんどんラクになる魔法の言葉

私は心の中で、いつも言っている言葉があります。
それは、**「まっ、いっか〜」**です。この言葉が大好きです。

何か嫌なことがあっても、失敗をしちゃっても、「まっ、いっか〜」。

確かに、嫌なことがあったり、失敗すると、最初はクヨクヨ考えますけど、途中で必ず「まっ、いっか〜」と言って忘れちゃいます。過去のことを、いつまでも悩んでクヨクヨ考えていても、起きてしまったことは変えられませんよね。

だから考えるより「まっ、いっか〜」と、自分に言ってあげるのです。そうすると、悩んでいることがどうでも良くなって、次から笑えるようになるんですね。

私は、失敗なんて、死ぬほどしてきました。

でも、失敗があったからこそ学んだことがたくさん！　完璧な人なんていないし、むしろ失敗から人生を学び、人生の引き出しが増えていったのだと思います。失敗は笑い話に必ず変わります。だから心が苦しくなったら、「まっ、いっか〜」と言ってみて下さい。これは心がラクになる魔法の言葉なんですよ。

不安や恐怖を打ち消してくれる言葉

「これから前を向いていくんだ！」

と決めても、前を向くことが怖くなる時は、誰でもあると思います。

先を考えると不安。

どんなに自信がある人でも、この気持ちは誰だって経験すると思います。

私は、過去は営業のお仕事をしていました。営業は数字を上げなければいけません。目標を掲げている数字は、時にはとても遠すぎる数字。それを達成しなければなりませんでした。「やる！」と決めても、時に脳裏に横切るのが「出来るのだろうか？」でした。

それでも数字を達成出来たのは、自分に毎日、達成するまで言い続けたことがあるからなのです。

「私なら大丈夫！」
「私なら出来る！」

この言葉を繰り返し繰り返し、自分に言い聞かせ、呪文のように唱えていました。

この言葉は、何よりも不安や恐怖を打ち消してくれる言葉なのです。不安になったり、怖くなったりしたら、たくさん自分に伝えてみて下さい。そうすると、前に進むことが出来て、自分に自信がつくようになるんですよ。

お金を呼び込む魔法の言葉

お金は身近なものであり、お金がなければ困るもの。もしお金の心配をしたら、「お金を呼び込む魔法の言葉」を使ってみて。


「お金は入るから大丈夫！」

「お金は私に流れてくるようになる！」

「お金はどうにかなる！」

「お金はどんどん入ってくる！」

「私にはお金がある！」

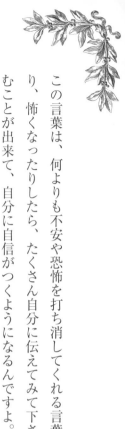

「私はいつでもお金が入ってくる！」
「私が必要としているお金が入ってくる！」

こういう言葉を使っていると、お金がどんどん入ってくるのです。ただし、言いながら、「無理だよなぁ」「入るわけないよなぁ」と思いながら言っては、入ってきません。ネガティブな言葉の方がとてもエネルギーが強いので、ネガティブな方に進みやすくなります。お金を呼び込むには、「素直に、そのまま言ってみる！」「素直に、そのまま信じる！」ことです。

そうすると、不思議なくらいお金が必要な時に入ってくるのですね。こうやって言っているだけでも、なぜか心が安心してきます。

すべてはうまくいっている！

人は、どんなに良い人生を送ろうと思っても、良いことも悪いことも起きます。例えば、毎日が良い人生で、「楽しいこと」しか起こらなくなって、日々暮らしていると、楽しいことが当たり前になり、楽しいことが楽しいと感じなくなることがあるのです。でも、ネガティブな出来事があると、ちょっとしたことでも楽しいと思える心になってくる。

これが、私たちが生きている以上、必要な学びなのです。

私はコルクボードに夢や目標を貼っているのですが、その中に書いているメッセージに**「すべてはうまくいっている」**があります。

これで、うまくいっている時も、うまくいっていない時も、すべてはうまくいくようになっている、と気づけるのですね。うまくいっていない時こそ、このメッセージは心に響きます。「これも必要なことなのだ」と受け止めることが出来るから。何か流れに乗れなくても、「すべてはうまくいっている」と唱えてみて。そうすると、すべてがうまくいくようになりますからね。

column

不運も邪気も浄化する運気アップ法

『なんだか、最近うまくいかない……』
『なんだか、調子が悪い……』
『なんだか、物事がうまく進まない……』
『部屋もなんだか重い空気……』

「気のエネルギーが乱れている」そう感じる時はありませんか？ なんだか運が悪く思えたり、邪気が溜まっているような不快を覚えたり……そうした時に効果的な方法があります。

それは、「炭」を使うこと。
「炭」は空気をキレイにし、気のエネルギーを整え、邪気を払い、運気をアップしてくれます。

炭は悪いエネルギーを浄化してくれるのです。

使い方は「部屋の四隅に、炭を置く」だけ。
定期的に換えて下さい。

神社等では、四隅に炭が埋められている場所もあります。
簡単な運気アップ浄化法です。

第九章

願いを叶える、引き寄せを起こす
ワーク&実践法

ここまで各章の間で、

ブロックを浄化するワーク／リラックス効果が高い腹式呼吸法／心の浄化を促す瞑想とグラウンディングワーク／嫌な思い、癒されていない思いを浄化する方法／黄金のエネルギーの呼吸浄化法／イメージ書き換え法

を行って頂きました。ブロックがあるまま、アファメーションやイメージング法を行っても、潜在意識に入っていかないことはお伝えした通りです。

これまでに学んだワークで自分を浄化しながら、心を癒し、願望達成のアファメーションやイメージング法を行うと、さらに効果的です。

この章では、自分で作ってこそ意味がある「アファメーション」を3ステップで自ら作成していくワークを中心に、よりあなたのブロック解放と本当の望みに焦点を当てた実践法を紹介します。

楽しんで行ってみて下さい。

3ステップ方式
願望達成アファメーションワーク

アファメーションの本当の目的は、願望達成だけではありません。

ここでは、

「自分の心の癒されていないブロック」

⬅

「自分に気づきながら悩みを手放し癒す」

⬅

「そして、願いを叶える」

この3ステップの順で、自分自身を癒しながら本当の望みを叶えていきます。

まず心の浄化法をしてブロックを取った後に、行って下さい。

自分のブロックを取りながら行わないと、願望をイメージした所で「無理」と思ってしまい、アファメーションは逆効果になってしまうのです。ですから、心の浄化法でブロックを取りながら、自分を癒して、願望達成のアファメーションをかけてあげると、もっともっと自分を癒せ、許すことが出来ます。

自分を許すことが出来ると、周りも許すことが出来るようになるのです。たくさん自分に感謝をすることで、自分が癒されていきます。

アファメーションは、口に出す方法もありますが、紙に書いたりする方法もあります。紙に書いて口に出して読むと効果は高くなりますよ。

例題を挙げてみますので、自分に置き換えて作ってみましょう。

1　自分の心の癒されていないブロック

自分の癒されていない気持ちが出てきたら、自分で自分を抱きしめてあげる感覚で癒してあげて下さい。
そして「自分の心の癒されていないブロック」、例えば「自分が思い込んでいること」「トラウマ」「うまくいかないパターン」など、ブロックになっていることを書きます。

2　自分に気づきながら悩みを手放し癒します

癒されていない気持ちの時、あらゆることがネガティブに見えてしまいますが、ポジティブな部分を見るように紙に書いていきます。
見えていないだけで、必ずポジティブな部分があり、思い込みは勘違いだと気づくことが出来ます。

例えば、「ご両親に愛されなかったという思い」がある人は、「本当に愛されなかったのか?」ということを見つめ直すのです。
「このブロックは本当?」と疑問を持ってみる。

そうして、もう一つは、本当の自分の心に気づくこと。

――何かのせいにしていなかったか?　のように、本当の自分の気持ちを

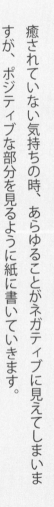

探していきます。

ここが気づきの部分です。
自分に気づくということは、自分の内面と向き合うこと。
自分の内面と向き合いながら、受け入れることが大切です。
しっかりと見つめてみて下さい。

3 願いを叶えるアファメーション

もう「なっている自分」を書いていきます。

願いを叶えるアファメーションは、否定表現「○○しないように」などの言葉を使わずに作って下さい。

願望達成のアファメーションを言うと、ブロックが出てくるかもしれません。例えば、「私にはお金がどんどん入ってくる」と言った時、「そんなことあり得ない」「そんなの無理」という気持ちが湧いてきたら、まだブロックが解放されていないのです。

そういう場合は、「お金はどんどん入ってくるように近づいている」という言い方に変えると良いでしょう。

このアファメーションは、

・**「自分の心の癒されていないブロック」**
・**「自分に気づきながら悩みを手放し癒す」**
・**「願いを叶える」**

この**3ステップ方式で作る**点がポイントです。

願望達成アファメーションを行った後は、「良く出来た！」と自分を褒めてあげて下さい。

《例題》人間関係が苦手だと思っている人のうまくいくためのアファメーション

1 自分の心の癒されていないブロック

例えば、

「私はみんなから嫌われている」

「私をランチに誘ってくれないし、飲み会にも誘ってもらえない」

「凄く悲しい」

「みんな冷たい」

「私だけのけものにされて、私だけ仲間外れにされて、どうせ私なんて友達が出来ないんだ」

そう感じたら、

2 自分に気づきながら悩みを手放し癒します

「私が嫌われていると思っていたから、私が自分から人を避けていた」
「どうせ嫌われていると思っていたから、輪に入らないようにしていた」
「いつか嫌われるのが怖かったから、自分から仲良くならないようにしていた」
「みんな、いつも優しく話しかけてくれていた」
「褒めてくれる時もあった」
「私が自分から話しかけに行くことも無かったし、自分から仲良くしようと思っていなかった」
「どこかで、誰かが来てくれることを待っていた」
「みんなにかまって欲しかった」
「私が、人をただ怖がっていて、嫌われていると思っていただけだった」

3　願いを叶えるアファメーション

『私はみんなから愛されている』
『私はみんなと仲良く出来ている』
『私はみんなと遊びに行っている』
『私はどんどん人に話しかけている』
『私は人と仲良く出来る力を持っている』
『私は私が大好きです』

《例題》
愛されないと思っている人の自分を愛するアファメーション

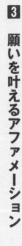

1 自分の心の癒されていないブロック

「私は両親に愛されなかった。凄く悲しい」

「なんで私だけ愛してくれなかったの！　凄くさみしかった」

「凄く抱きしめて欲しかった！」

「私なんて、どうせ誰からも愛されない！」

2 自分に気づきながら悩みを手放し癒します

「お母さんは毎日お弁当を作ってくれた」

「お父さんはいろいろな所に旅行に連れて行ってくれた」

「両親は運動会に毎回来てくれた」

「よく考えたら、いつも一番に優先してくれていた」

「いつも厳しかったけど、私をちゃんと育てなくてはいけないと必死だった」

「親も同じように育てられたから、愛し方がわからなかった」

「私は本当は愛されていた」

など、探すとあるものなのです。

愛されていなければ、育っていないですからね。

3　願いを叶えるアファメーション

『私はいつも愛されている』

『私はいつも誰からも愛されている』

『私は私を愛しています』

《例題》お金が無いと思っている人のお金の入るアファメーション

1 自分の心の癒されていないブロック

「お金はいつも無い」
「お金は全然入らない」
「お金を考えると不安で不安でしょうがない」
「私は、何も買えない」
「欲しい物も好きな物も買えない」
「お金が無いなんて、本当にむなしい」
「お金が増えるなんて、悪いことしないと入ってこないし、私なんてどうせ無理」

2 自分に気づきながら悩みを手放し癒します

「ご飯も食べられている」
「住む家もある」
「いつも何かしら買っている」
「自分はいつも足りないと思っている」
「自分でむなしい気持ちにして、自分で拗ねていただけ」
「お金が無いことが、ラクになっていた」
「私はお金を悪にして、何も出来ないと思っていた」
「お金が入らないと諦めていた」
「お金が無いと思っていただけだった」

3 願いを叶えるアファメーション

『私にはお金があるのです』

『私は何でも出来る力を持っているのです』

『私が必要としているお金が入ってくるのです』

『お金はこれから私にどんどん流れてくるようになる』

『私はいつでもお金が入ってくる』

自分だけのオリジナル3ステップ方式願望達成アファメーションを作ろう！

1 自分の心の癒されていないブロック

2 **自分に気づきながら悩みを手放し癒します**

・・・・・・・・・・・

イメージング願望達成法

イメージングをする前に必ず、癒されていない気持ちの心の浄化法をしてから行って下さい。そうしないとブロックが出てきてしまい、イメージが出来ません。

タイプ別を参考に（55頁参照）、叶えたいことを具体的にノートに書いて下さい。箇条書きでも良いですし、物語風に書いても良いので、なりたい自分の未来を書いて下さい。

一言でいえば、妄想日記で良いのです（笑）。

自分のタイプに合わせて、イメージングすることが大事です。

心の浄化法をして、イメージが出来るようになったら、そのイメージング
を何回も繰り返し、

「イメージングなのかリアルに起こっているのか」まで
現実がわからなくなったら……、願望は叶い始めます。

例えば、「結婚したい！」という願望がある時は、「一年後に結婚している」
と紙に書きます。

そして、結婚式で流れる曲を聞きながら、教会で式を挙げているイメージ
をします。ウェディングの曲をかけながら行うとリアル感が増します。

そこからはもう妄想の世界です！

自分のお父さんと腕を組みながら教会に入り、未来の旦那さまがずっと前で、私を待ってくれています。

そして神父さまに、未来の旦那さまと誓いの宣言をしています。
みんなから祝福されて、最後にブーケを飛ばして。
その後は、披露宴パーティを開いて、お友達の祝辞に涙。
両親に最後の挨拶をして、また涙。

こんな妄想をしながら、感動して涙まで出てきたら、潜在意識はリアルに起こっていることと錯覚して、現実にしようとし始めるのです。

これを、ワクワクしながらやっていると、叶うスピードが早くなっていきますよ！　ブライダルの雑誌を買って、どこの教会がいいかを比べながらイメージしてもいいですね。

例　マイホームが欲しい！

「二年後にマイホームが建った」と日記に書きます。
そこからまた妄想が始まります。

好きな家をイメージします。
玄関で旦那さまと子供のお見送り。
「いってらっしゃ～い」と声をかけた後、ひとり、リビングでコーヒーを
飲みながら幸せにひたります。

ドアノブの感覚。

お風呂に入っている感覚。
キッチンで料理をしながら、家族と会話。
クローゼットに洋服をしまっている自分。

そんな妄想をしていくのです。

コーヒーを飲み、幸せにひたる時の曲をかけながらイメージすると、リアル感が増します。

そしてモデルルームなどに行って、実際に家の中を触ったり、家の匂いを味わったりしてくると、もっとリアル感が増してきますから、是非、足を運んでみて下さい。

妄想日記を書く時は、未来の日付を入れて下さい。

日付を入れると、夢が叶うスピードが早くなります。妄想していることにリアル感が増していきます。

「リアルに起こっている感じ」がなぜ大切かというと、潜在意識がもう起こっていることなのだと、錯覚を起こすからなのですね。

錯覚を起こしてくれたら、こっちのものです。

「潜在意識の中に何がインプットされているか」ですから。

最初の強い思いはとても大切です。ですがそれに強くこだわってしまうと、逆に潜在意識は、「叶っていない」と認識します。「叶っていないことを望んでいる」と潜在意識は認識しますから、叶わない選択をしていきます。

だから、こだわらず楽しい気持ちでイメージングして下さい。

辛い気持ちになったら、いったん止めて、宇宙に身をゆだねる余裕を持って下さい。


宇宙に身をゆだねる感覚が、わからなければ、

「私は良い方向に進んでいる」

と思って、流れに身を任せ、気分を楽にして下さい。


そして、行動すること。

行動しなければ何も起きません。イメージングしながら行動すると流れが早くなり、願望を叶える速度が早まります。

願いを叶える効果を倍増させるイメージング法

イメージングを、毎日行うことはとても良いこと。
潜在意識が、現実なのかイメージなのか、わからなくなったら、そのイメージは達成するのですから。

さて、行う時に**もっとも効果が上がる方法**があります。
それは、**寝る前と朝起きた時、ボーっとしている時間に行う**ということ。

この寝る前の「まだ起きてはいるけど、寝てしまうような意識」、朝起きて「まだ目覚めていないボーっとしている意識」、テレビを見ている時、電車に乗っている時の「ボーっとしている意識」は、一番、潜在意識に届きやすいのです。この時に、顕在意識と潜在意識の間にある、**クリティカルファクターという膜が開く**のです。

冒頭でもお伝えした、なかなか開かない潜在意識の扉が開く時なのです。
この時にイメージング法を行うと、願いが叶いやすくなるんですね。

逆を言えば、寝る時や朝起きた時、ボーっとしている時に、ネガティブなテレビやニュース、ネガティブなことばかり考えていると、それが潜在意識に入りますから注意が必要です。

この寝る前と朝起きた時、ボーっとしている時間こそが、願いを叶えやすいタイミングです。ぜひ意識して下さい。

特に寝る前は、イメージしてそのまま寝てしまうので、願いが叶いやすくなります、ぜひ行って下さい。マーフィーの法則で有名になった本、「眠りながら成功する」ジョセフ・マーフィー著（産業能率短期大学出版部）は、本当なんですね。

そして、自分が欲しいもの、手に入れたいものがあったら、その物を見に行く、触ってみることが大事です。その触った感覚や、匂い、目で見たイメージ、そしてその物を手に入れた喜びなどを五感で味わうと、潜在意識はもっともっと錯覚を起こし、**「手に入れたもの」**として認識します。

そうすると、その欲しい物や手に入れたい物を、自分で引き寄せることが出来るのです。

潜在意識を味方にすれば、人生は願った通りに生きられる。
あなたの人生も、願った通りに生きられるのです。

ぜひ、たくさんの願いを叶えて下さいね。

本当にありがたいことに、「ブロック」というテーマで本を書かせて頂きました。しかしここに書かれている内容は「ブロック」のほんの一部でしかありません。「100人いれば100通り」なのがブロックです。

ブロックの話は、どうしてもネガティブになりやすく、引き寄せのように未来に向かってワクワクする内容ではなく、過去の原因を辿りそのブロックを解放するわけですから、ワクワクも楽しさもありません。出来るだけネガティブにならないように、どんな人の人生も明るい未来が待っている、願いを叶えられるのだ、ということを意識して書かせて頂きました。

そして、書きながらあらためて気づいたことがありました。それは誰もが「愛」が必要だということです。自分の中に愛があれば、心の豊かさや願いを叶えられる人生に、もっともっと近づいていくのだ、ということに今まで以上に気づかされました。

「自分に愛を与える」これほど大事なものはない、ということです。ですからブロックを取りながら、本来の愛されるべき自分の姿に戻ることで、自分の人生はもっと思い通りの人生になっていくのだと思います。

植西聰さん、ジョセフ・マーフィー、ナポレオン・ヒル、佳川奈未さん、中村天風さん、ホ・オポノポノ、その他成功者の方の本など、潜在意識の本を片っぱしから読みあさり、「人生は願った通りに生きられる」ということに魅せられ、あまりにファンになりすぎた植西聰さんにおいては、その後個人的に会わせて頂く機会にも恵まれて、「願いは叶うんだな」「潜在意識って凄いな」と確信したものです。

その後、「引き寄せ」関連の本がたくさん出てきた事で、潜在意識という存在が皆に知れ渡り本当に嬉しく思います。ところが、「引き寄せを頑張っても何も起こらない」という人をたくさん見るうちに、その原因を自分なりに追求した結果が「ブロック」でした。それから「ブロック」を取る仕事を始めていきました。そして、ここを通らなければ「願いを叶えることは難しい」と確信していったのです。

ブロックはジャンプをする前の「しゃがむ行為」です。しゃがむ行為は、一度下がらなければいけないのでとても苦痛な行為と言えます。でも目的があるからこそ一度しゃがむことが出来るのです。ブロックを取った後は人生が変化する人がたくさん出てきます。劇的に変化を遂げる人、引き寄せがどんどん起こる人、自分の思い通りの人生を歩むことが出来るようになる人……だからこそ、ブロックを知りブロックを取ることが最優先になるのです。

私は潜在意識に出合って人生がガラリと変わりました。うまくいかないことが多く、モヤモヤしていた私が、ビジネスでもうまくいくようになり、恋愛でボロボロだった状況が一変し、結婚にまでいたり、結婚生活も幸せに過ごせたりと、自分の夢が次々と叶えられるようになりました。「いつか本が出せたらうれしいな」という願いも叶っていきました。

これは、私だけではありません。みなさんに出来ることなのです。

私たちには潜在意識という、何でも願いを叶えてくれる装置が誰にでも備わっているのです。その装置を使わないわけにはいきません。ですからブロックを取り、潜在意識をきちんと知ることが出来れば思い通りの人生を送れるということなのです。

誰でも今回の人生は1回限りです。思うような人生になったら楽しいと思いますよね。だからこそぜひ本書を活用し、実践して頂いて、心から幸せな人生を送っていって欲しいと思います。

最後に、本書の執筆は家族の協力なしでは叶いませんでした。そして仲間の力、たくさんの人たちのおかげで出来上がった本だと思います。関わって頂いた方々に感謝の思いでいっぱいです。

そして、願った通りに生きられる人生を改めて教えてくださり、出版という機会を下さったClover出版の小田実紀編集長には、この場をお借りして心から感謝を申し上げたいと思います。

たくさんのみなさま、心からありがとうございます!

「人生は願った通りに生きられる」ぜひ叶えてください!

たくさんの愛を込めて

二〇一五年十二月　碇 のりこ

碇 のりこ（いかり・のりこ）

1969年12月 北海道生まれ、東京育ち、神奈川県在住

スピリチュアルセラピスト・心のブロック専門家・事業家
合同会社リッチマインド代表 / 株式会社 Instyle 取締役

17歳の時にアイドルグループでデビュー。短大卒業後、数々の職種のOLや職業に就いた後、1998年マーケティング業界で起業。2万人以上をマネージメントした実績を残す。物心ついた時からスピリチュアルが身近にあったことがきっかけで、潜在意識に気づき始め人生が激変。

2012年にスピリチュアルに活動の軸を移し、10月からブログを開始するとすぐに話題になる。スピリチュアル講座を始めて、現在ブログ読者40000人を超え、アクセス月230万PVの人気ブロガーになる。現在は講座は満席。セミナー、講演回数は5000回以上。

著書に『金運だけを引き寄せる！貧乏神のはらい方』『いいことだけを引き寄せる結界のはり方』（フォレスト出版）、『やったほうがイイ！ 邪気祓い』（日本文芸社）がある。

受講生には、「見た目よりもサバサバしていて親近感がある」と言われる姉御肌気質。趣味は、家族と開運旅行。

ブログ「お金と愛を手に入れる５つのリッチマインド」
http://ameblo.jp/noriko-happy-life/

無料ニュースレター「願いを叶える！運を上げる！ための実践するニュースレター 8日間講座」
https://88auto.biz/noriko-life/registp.php?pid=1

参考文献

＊植西聰『マーフィー あなたも「強運人間」になれる』（成美文庫）
＊佳川奈未『佳川奈未の運命を変える言葉 200』（PHP 文庫）
＊山田浩典『世界一わかりやすい潜在意識の授業』（きこ書房）
＊『Taking a STAND「http://taking-a-stand.jp」』

本文イラスト／滝本亜矢
編集・設計・制作／小田実紀

『こころのブロック』解放のすべて

初版１刷発行●2015年12月14日
３刷発行●2016年１月22日
新版１刷発行●2020年５月25日

著者
碇《いかり》 のりこ

発行者
小田 実紀

発行所
株式会社Clover出版
〒162-0843 東京都新宿区市谷田町3-6 THE GATE ICHIGAYA 10階
Tel.03(6279)1912 Fax.03(6279)1913 http://cloverpub.jp

印刷所
日経印刷株式会社

ISBN 978-4-908033-73-5 C0011

※本書は、2015年12月刊行『『こころのブロック』解放のすべて』（弊社刊・産学社発売）の再刊行版です。